JN438530

예순 살의 옹알이

예순 살의 옹알이

조숙자 수필집

수필과비평사

글을 엮으면서

일상이 행복입니다

이 글을 쓰고 있는 지금도 앞마당에선 예닐곱 마리의 참새가 종종대며 물옥잠을 넘나들며 노닐고 있습니다. 사시사철 변하는 그네들의 독무대는 날마다 펼치는 일상이지만 바라보는 나는 항상 새롭습니다.

'창작을 하는데 가장 필요한 자산은 습작이 아니라 어떻게 살아 왔는가? 하는 작가의 삶이다' 라는 말이 생각납니다. 한글을 팔순에 뗀 할머니의 글처럼 담담하게 오롯이 갉고 삭혀낸 지난 일흔 이전의 이야기를 쓰고 싶었습니다.

'진실하게 살아온 사람, 아름다운 추억이 많은 사람, 들려주고 싶은 이야기가 있는 사람이면 좋은 글을 쓸 수 있다'는 글을 읽고 힘을 냈습니다.

'그냥 써라'

제 몸과 맘을 지어내어 낸 팔순 할머니의 반란도 저에게 용기를 심어주었습니다.

철없이 나부대며 살았던 젊은 시절, 내 삶의 반을 디뎠던 교단 생활, 그 많은 세월의 지난 삶을 매듭지어 봤습니다. 그 흔적을 사랑으로 삭혀낼 수 있었습니다. 나와 함께했던 인연의 소중함, 자연에 대한 깊은 사랑에서 찾은 고마움은 나를 풍요롭게 합니다. 나의 일상은 한 편의 글이 되고 그것은 오히려 나를 여과시켜 주는 한편의 보석이 되었습니다.

날마다 텃밭에서 초록 생명이 커가는 모습은 작은 변화의 밀알이며 삶의 도전이 아닐까요. 이렇게 나이 드는 자신을 그려봅니다. 지금 시작하지 않고는 아무것도 이룰 수 없음을 알았습니다. 늦었지만 부족한 대로 시나브로 나아가겠습니다. 나만의 가을걷이는 내 인생의 만추晩秋로 이어지고 있으니까요.

은퇴 후의 삶 속에 마중물이 된 모양 수필반, 이 책을 낼 수 있게 격려와 가르침을 주시며 인연을 축복으로 만들어 주신 박 순 선생님께 감사드립니다.

초가을 즈음에

차례

Part 1

권 찌고 연 찌고 | 사람 사는 이야기

Part 2

둘이 반띵하자 | 음식 이야기

Part 3

울 엄니 장독대 | 호운장 이야기

Part 4

아주 특별한 축사 | 교단 이야기

Part 5

나의 봄날은 | 은퇴 후 인생 2막 이야기

Part 1

권 찌고 연 찌고

모든 중고품에는 새 물건에 없는 것이 있다. 바로 '추억'이다. 우리 둘만의 인생사와 궤적을 같이하는 공통분모가 있는 셈이다.

아버지에게 막걸리 한 잔은?

고사리손으로
따라 주는 막걸리 한 잔
아버지 생각이 나네 ~

요즘 화제의 예능 프로 '미스터 트롯'에서 영탁이 부르는 노래다.

톡 쏘는 듯 뻥 뚫린 목소리의 구성진 가락!

무대를 보고 있자니 아버지가 생각났다.

열무김치 안주 삼아 텁텁한 막걸리를 양재기에 따라 꿀꺽꿀꺽 마시던 모습이 떠올랐다. 하루 종일 단내 나게 일하시고 쌉싸름한 막걸리로 목을 축이셨던 아버지다.

아버지는 일제 시대에 태어나 할아버지를 일곱 살에 여의셨다. 할머니마저 개가하여 청년 시절을 힘들게 살았다. 당시 아버지는 징용을 피해 타향살이를 할 때였다. 열여덟 살인 어머니는 위안부로 끌려가기 직전이었다. 평소 착실한 청년인 아버지를 눈여겨 보다가 급히 아버지를 데릴사위로 맞아들였다. 아버지는 내 위로 낳은 두 딸을 홍역으로 잃자 셋째인 나를 배 위에서 키우다시피 하셨단다. 전주에 정착하여 지금은 대한통운이라는 '마로보시'에 들어가 십수 년을 일하셨다. 배움도 짧아 타향인 전주에서 할 수 있는 일은 막노동뿐이었다.

그곳은 6·25 직후라 건설 붐이 일어나고 있어 막노동하는 일로 아버지의 젊음을 바친 곳이기도 했다. 해 질 무렵 말목에 찬 딸랑 소리를 듣고 나가면 거나하게 취하신 모습으로 말 구루마를 타고 오셨다. 횟가루 부대 종이에 말아진 고등어를 들고.

'간조' 날엔 커다란 눈깔사탕도 건너 받았다. 땀에 흠뻑 절여진 아버지의 초췌한 모습이 선명하게 떠오르는 것은 세월의 앙금인가. 동생은 학교 마치고 오면 으레 말에게 줄 꼴을 베느라 놀고 싶어서 볼멘소리도 했다. 홀쭉한 망태기를 보면서

도 동생을 혼내지 않고 다시 꼴을 베러 가셨던 아버지.

어느 여름날, 아버지가 꼴 뜯기러 간 냇가에서 말이 뛰쳐나갔다. 말이 아버지를 물어 피범벅 되어 오신 그날! 우리 아버지 살려 달라고 기도하며 슬피 울었던 기억도 있다.

우리 가족도 힘에 부친데 외할아버지조차 일찍 돌아가셔서 외삼촌 셋까지 건사해야 했으니 아버지 등허리가 휠 정도였다. 그래도 항상 토닥거리며 오로지 막걸리 한 잔으로 위로 삼곤 하셨다. 노란 양은 주전자를 들고 가게에 가면 가게 아줌마는 묻어 놓은 항아리 열고 막걸리를 휘휘 저어 주전자 가득 부어 주었다. 그 맛이 궁금해 홀짝거리며 몇 모금 마신 적도 있다.

평생 고생만 하시는 아버지가 노후에는 평안하게 사시길

바랐으나 애석하게 65세에 대장암으로 세상을 떠나셨다. 세월은 기다려 주지 않았다. 그리운 아버지께 막걸리 한 잔 권할 수 없었기에 더 절절한 마음이 든다.

유달리 막걸리가 감로수인양 좋아하셨던 아버지.

어쩌면 막걸리가 팍팍한 삶의 윤활유였는지도 모른다. 그 막걸리가 갈증을 달래는 생수였으며 활력소였으리라. 어쩌면 한 끼 때울 요량이었을지도….

남편과 막걸리를 마시며 그 맛을 떠올리지만 예전에 몰래 마셨던 그 맛이 아니다.

돌아오는 한식날에는 아버지께 막걸리 한 잔 올려야겠다.

"아부지, 저도 이만하면 잘 살지요?"

"한 잔 따라 주세요!"

"허어- 참, 그려!"

헤벌쭉한 아버지의 미소가 어른거린다. 손에 든 막걸리 사발이 아버지 얼굴 같다.

권 찌고 연 찌고

지난 토요일. 교우회 모임이 있어 들른 뒤웅박고을이라는 장향관에서 있었던 일이다.

「어머니에 대한 시 하나 애절하게 쓰고 싶었다.

이 세상에서 가장 간절하고도 슬픈 시 하나를

그러나 불러보기만 해도 목이 메는 어머니 이름

어머니! 하고 써놓고는 더 이상 쓸 수 없는」

이 시비詩碑 앞에서 난 발길을 멈췄다. 그리곤 나도 목이 메였다.

내가 결혼한 지 40여 년이 넘었으니 시어머니와의 인연이 친정어머니보다 두 배나 많다. 그런지라 친정어머니보다 더 많은 애증의 관계다. 시집살이의 매콤한 기억도 있지만 그분이 남겨 주신 삶의 궤적은 내 나이 육십 넘어서야 한층 더 살가운 추억으로 쏟아진다.

내게 주신 시어머니께서 짠 유품, 「모시 한 필」은 유독 나에게 소중한 애장품이 되었다. 생모시 그대로 뻣뻣하고 거친 결이 있지만 손 매무새가 느껴지는 질감에 더욱 애정이 간다. '들뫼 찻집에서 봤던 포인트 커텐 만들까, 아니면 남편 옷 한 벌 지을까?' 해마다 압다지에서 꺼내 올해에는 뭐든 만들어야겠다고 다짐하지만 시어머니께서 주신 사랑, 허투루 쓸까 봐 꼭꼭 보자기에 싸 도로 넣는다.

그분은 시집와서 줄곧 길쌈을 하셨다. 때로는 임신 중 배가 불러 북이 가슴에 끼어서 가슴이 차올라 터질 것만 같았던 시절도 있었단다. 덤덤하게 말씀하셨지만 참담하고 애절했던 순간이 떠올라 울컥했던 적이 있었다. 암울한 시절을 살았던 시어머니의 내력 있는 모시인지라 나에게 더욱더 소중한 유품이다.

들깨 널어 햇살이 차오른 토방 끝에서, 정갈하게 빗어 은비녀 꽂은 낭자머리와 온화한 눈빛이 어른거린다. 이른 새벽 타

닥타닥 아궁이에서 밥이 익어가는 소리 들리는 듯, 우리 집은 온통 그분의 치성이 빚어낸 짙은 세월의 흔적이 많다.

어머님이 조왕신, 철륭신, 뒷간신 모두 불러, 온 가족과 식솔들의 안위와 무사를 빌 때는 경건하고 엄숙하기 그지없었다. 나무 등걸과도 같은 손바닥을 연신 비비며 '권 찌고 연 찌고'라는 후렴을 계속 읊조리는 것을 난 기억하고 있다. 참 좋은 말이다. 모든 사람에게 귀하게 보이고 만나는 인연마다 좋은 인연 맺으라는 간절한 염원이었으리라. 나도 어느새 이 말이 입에 붙어 기도할 때마다 웅얼거려진다.

둘째 며느리였지만 종부 팔자인지 종부로 사셨던 그분의

과거는 그래서 더 고달팠고 지난했다. 머슴을 둘씩 건사하고 문중 일로 쉴 새 없이 반복되는 손님 접대로 인해, 끼니 차려 주고 돌아서면 곧바로 또 끼니를 걱정해야 했던 것이 평생의 업業이었다. 남다른 감각의 음식을 맛깔스럽게 재현할 수 있었음은 아이러니하다.

집에 들른 행상에게 밥술을 권하고 집안의 화목을 위해 나쁜 건 눈감고 좋은 건 소문 내는 그런 아량은 그분의 후덕함이었으리라.

항상 바지런하고 이웃과 친척에게 온화하게 베풀며 근면 검소하셨다. 우리 집이 화목하고 안온하게 살아갈 수 있었음은 오로지 호운장 안 주인이신 시어머님의 덕망이 있기 때문이다.

곳간 열쇠는 없었지만 대를 이어 우리 집의 안주인이 된 나, 종부의 막강한 책임이 버겁고 겁이 났었다. 때론 불편하고 좁은 오래된 호운장에서 그래도 이런 호사를 누릴 수 있음은 시부모님의 은덕이리라.

지금도 시렁 위에 얹어진 오래된 물품과 증조할머님이 혼례 때 가져오셨다는 지함 궤짝도 간직하고 있다. 우리는 그분들이 남겨 준 여러 가지 유, 무형의 유산을 가슴에 켜켜이 쌓아 가고 있다.

정성껏 항아리를 닦으며 허리 펴고 둘러봤던 뒤란의 장독대.

쿰쿰한 냄새 속에서 장이 익어가는 질박한 손길을 기린다.

장맛이 베인 그 옹기처럼 숙성이 잘된 깊은 마음으로 호운장에 사랑의 등불이 꺼지지 않고 주위를 비출 수 있도록 염원해 본다. 그분들의 품 안 같은 이곳에서 아직도 따듯함을 느끼는 건, 그런 사랑 넘치는 샘물이 있기 때문이다.

나 또한 그 속에서 나만의 사랑을 키우고 펴 나르리라.

누가 제일 좋아?

"엄마는 누가 제일 좋아, 우리 중에서?"

"주희가 제일 좋고, 넌 최고로 좋고, 소현이는 가장 좋고, 인묵이는 으뜸으로 좋아."

초등학교에 다니는 둘째 딸 현주가 사남매 중 누가 제일 좋냐고 묻기에 이렇게 대답했다.

"피~이, 엄마는 다 좋다는 얘기잖아."

잔뜩 기대를 건 물음인데 싱겁게 결론이 나 김이 샌 모양이다.

"누가 제일 좋아?"

흔히들 비교하는 대상이 있을 때 사람들이 묻는 단답형 질문이다.

이번 주, 수필 반 주제가 '누가 제일 좋아'여서 곰곰이 생각해 봤다.

지난날을 반추해 보면 의외로 나를 잊고 산 세월이 많았다. 내가 원하는 일보다 당장 해야 할 일로 힘든 시간이 많았기 때문이다. 일에 치이고 일에 묻혀 산, 그 시간이 있기에 지금의 여유도 생겼으리라. 나에게 언제가 제일 황금기였냐고 묻는다면 서슴없이 '지금'이라고 말하겠다.

지금은 자식들이 독립했기에 비교적 모든 게 여유가 있다. 오롯이 나만을 위해 나에게 투자할 일만 남았다. 그러나 이제는 정상에서 종착점을 향해 내려갈 때다.

세월의 풍상을 고스란히 입어 낡고 닳은 내가 버거운 나, 일흔이 바로 코 앞이다.

일흔의 나이에 시집을 낸 어느 시인은 '일흔은 소리 내어 읽으면 이른'이라고 했다. 그래서 나를 설레게 하는 일을 지금부터 시작한다고 서두에 썼다. 죽는 날까지 정진한다고도 했다. 공감이 갔다.

인생에는 되감기가 없다. 차츰차츰 나이가 나를 앞지르기 하고 있다. 나는 해마다 늙어가며 사위여 가고 있지 않은가.

어제의 내가 아니라 오늘을 사는 새로운 나로 바뀌어야 한다. 누군가는 이제부터라도 이기적으로 까칠하게 살아가라고 했다. 무작정 헌신하고 퍼주는 선한 행위로 나를 더 이상 혹사시키지 말라고 했다.

오늘 본, '엄마라는 집'이라는 영화는 많은 깨우침을 줬다.

"어쩌면 부모라는 건 꼭 무언가를 해야 하는 게 아니라 그냥 존재해줘야 하는 게 아닌가 싶다. 가끔 사람들은 존재 자체보다 더 큰 것을 원할 때가 많지만."

주인공 예린 신이 딸에게 들려주는 말이다. 어차피 인생은 혼자 견디고 혼자 남기 때문이다. 내가 나를 좋아하고 사랑하며 유지해야만 미래를 향한 삶이 풍요해진다. 힘든 세상일수록 우리를 견디게 하는 건 다정한 성품과 소박한 선함이 건네는 작은 행복이다. 걱정은 내 안에 있지 밖에 있는 게 아니다. 과거만 돌아보거나 미래에 막연한 기대만 할 것이 아니라 현재를 잘 살아야 한다.

'하나뿐인 나에게 예의를 갖추며 조금씩 비울수록 편안해지는 것'이 나이 들어서 우리가 유념해야 할 것이라 했다.

"왜냐하면 햇빛은 찬란하고 인생은 귀하니까요."

밀라논나의 마지막 이 말은 심오한 울림이 됐다.

나이 들어 당당하고 자신감 있는 자세는 부단한 자기 계발에서 온다. 한국 최초의 시니어 모델 최순화는 80세에 세계 무대에서 자신의 진가를 빛냈다. 어려운 환경 속에서도 매일 두 시간씩 걷기를 하고 허물어지는 정신을 다잡으며 노력했기에 고령이지만 당당한 현재를 살고 있다.

나는 빈껍데기만 남은 우렁이처럼 부실한 몸을 몇 년째 다듬고 있다. 이제부터라도 건강하기 위해 매일매일 운동한다. 허접한 글쓰기지만 한 줄이라도 나아가기 위해 노력하는 자신이 좋다. 고옥古屋이지만 날마다 어루만지며 생기를 불어넣는 것도 나만의 소확행小確幸이다. 우리 집의 반려동물, 제비 가족이 늘었다. 두 번이나 부화한 그들이 마당에서 추는 안무를 보자면 살포시 미소가 번진다. 우리 아이들의 어렸을 적 재롱 같다.

MZ세대에서 만든 신조어 갓god생生 살기는 나의 인플루언서다. 성실한 생활을 하고 매일 조금씩 발전하며 성장해 가는 삶이기 때문이다. 나는 어려서도 나였고 나이 들어서도 그저 나일 뿐이라고 생각하지만 그래도 내가 원하는 사람이 되기 위해 애쓰는 나는 좀 멋지지 아니한가.

"누가 제일 좋아?"

"나!"

"나는 내가 제일 좋아!"

제일 가깝고도 제일 먼 남자

이번 주 수필 반의 주제, '나의 보물 1호'는 무엇일까?

주제에 맞는 소재를 들춰보니 이것저것 생각이 많아 선뜻 다가서질 못했다.

그러던 차, 신년 들어 요즈음 묵은 앨범을 산뜻하게 정리하는 중이었다. 불쑥 남편이 수취인 도장이 찍힌 누르스름한 편지 한 통을 내민다.

2006년 12월 12일 결혼 30주년에 남편 직장으로 보낸 내 편지였다.

'여보, 고마워요, 그리고 내가 삶을 다하는 날까지 당신을 사랑해요.'라는 제목이 맨 처음 눈에 들어왔다. 그리고, '내 생애에 있어 당신을 만난 건 행운이었어요.'라고 쓴 마지막 문장이 있었다.

편지글 중간 부분에, '전에는 당신이 내뿜는 숨결을 인식 못했는데 이젠 당신의 따스한 체온이 느껴져 항상 행복합니다' 라는 대목이 있었다. 아침에 눈을 뜨면 먼저 남편의 존재를 숨소리로 가늠하는 걸 보면, 지금도 그 감정이 사라지지 않았음을 느꼈다. 결혼 25주년엔 든든한 우리들의 아성牙城이 어머님이었는데, 이제는 우리가 그 자리를 지켜야 하는 큰 어른이 되었다는 문장도 눈에 띄었다.

무수한 성숙의 과정을 단단하게 앞서가신 부모님, 그들을 보면 다시 한 번 고개 숙여 태연하게 늙어 가는 세상의 어른들이 경이롭다. 손때 묻은 나만의 물건들은 세월이 흐를수록 삶을 더욱 윤택하게 만든다. 하나하나의 물건에는 숱한 사연이 스며있다.

장인匠人들은 오래된 자신의 도구를 가족처럼 아낀다. 하물며 43년을 함께 살았고 또 살아야 할, 내 반쪽 남편이야말로 나의 보물 1호가 아닐까? 셋째 딸이 휴대폰에 저장해 준 '내 반쪽 남편님♥'이란 닉네임이 이렇게 절실할 줄이야….

새것, 비싼 것에 대한 집착을 내려놓은 순간부터 나는 언제나 풍요로웠다. 조금 부족하고 조금 불편한 삶은 더 풍요로울 수 있지 않은가. 난 70여 년이 넘은 남편의 텃 자리인 호운장에서 추억을 다독이며 가슴 벅찬 은퇴 후의 삶을 짐병지게 살고 있다.

내가 남편을 소중히 보듬고 사는 한, 내 삶에 별 동요는 없을 것이다.

나의 행복이 튼실하고 흔들리지 않는 이유다.

모든 중고품에는 새 물건에 없는 것이 있다. 바로 '추억'이다. 우리 둘만의 인생사와 궤적을 같이 하는 공통분모가 있는 셈이다. 비싸고 새로운 상품은 기쁨을 안긴다. 그러나 헛헛함이 따라붙듯 오래된 우리의 질척거리는 애정엔, 인생의 훈장을 얹어 주는 나름의 명품(?)을 탄생시킨다. 그 편지에 있듯 우리 아이들, 사남매가 진정한 명품 아닌가. 마치 질풍노도의 시절을 견딘 망망대해에서 살아남은 항해사의 빛난 견장처럼….

고향은 일상에 지친 나를 말없이 반겨주는 돌아갈 집과 같아서 그리운 곳이다. 고로 남편은 내 고향이다.

'세상에서 제일 가깝고도 제일 먼 남자
이 무슨 원수인가 싶을 때도 있지만
지구를 다 돌아도 새끼들을 제일로 사랑하는 남자는
이 남자일 것 같아
다시금 오늘도 저녁밥을 짓는다.'
라는 어느 시인의 고백처럼!

— 문정희의 《 남편 》 中에서

그대 없이는 못 살아

'장미꽃이 비를 기다리듯이 ~ ~ '

순간, 한 박자 놓쳤다.

'혹시나'가 '역시나'로 끝났다.

중학교 1학년인 윤수가 기타 연주한 패티 김의 노래, '그대 없이는 못 살아'라는 곡을 3주 내내 연습했지만 나는 끝내 버벅댔다.

결혼 45주년 축하연이 시작되었다. 막내 손자인 준수의 바이올린 연주에 맞추어 생일 축하 노래를 불렀다. 어둠 속에서 케익 촛불도 껐다. 발그레 상기된 얼굴로 마주한 가족들의 모습이 시야에 들어왔다.

마지막 이벤트인 기타와 어우러진 내 노래가 흥을 돋웠다.

남편에게 손을 건네자 모양새만 춤인 지루박 리듬은 분위기를 한껏 띄웠다. 처음 보여준 할머니와 할아버지의 춤솜씨에 놀란 듯 손자들도 흥에 겨워 손뼉을 치고 엉덩이를 흔들었다.

3주 전. 손자로부터 전화가 왔다. 기념일에 할머니가 좋아하는 노래를 연주하고 싶다고 했다. '그대 없이는 못 살아' 이 노래를 신청했다. 그날만큼은 외워서 자신 있게 하리라 마음먹고 줄곧 연습했지만 잘 안됐다. 교단생활에 수십 번도 더 율동을 해봤지만 정작 나를 위한 몸짓은 서툴기만 했다. 노래 가사에 신경 쓰면 모션이 볼품없고 모션을 생각하면 가사가 엉망이다.

그래서 설거지하면서, 배추 다듬으면서, 둑방길을 걸으면서도 연습은 했지만 늘 새로운 것처럼 어려웠다. 남편은 큰 소리로 부르는 노랫소리에 장단 맞추듯 엉덩이를 실룩거리면서 격려했지만 왠지 헷갈렸다. 그래서 꾀를 냈다. 노래에만 신경 쓰고 모션은 그날 기분에 맞춰서 하리라. 다행히 가족들의 열띤 분위기와 남편의 어설픈 품새로 마무리되었다.

"따르릉~"

호텔 로비에서 전화벨이 세 번이나 울린 후에야 우리들의 신나는 감흥은 멈췄다.

결혼 생활 45년을 떠올리며 어설프나마 예전의 기억을 되살려 '결혼기념일' 동영상을 만들었다. 200여 장이 넘는 사진을 찾아 세월에 맞춰 편집한 동영상은 네 번의 수정 작업을 통해 대충 마무리 지었다. 저장하기를 몰라서 한번 시작하면 만들기를 마쳐야 하니 꼬박 2시간 정도 몰입해야 했다. 이젠 다 됐다고 했지만 너무 길다고 반으로 줄이란다. 들어갈 음악이 마땅치 않았다. 이럴 줄 알았으면 진즉 음악 웹을 다운받아야 했는데 어쩔 수 없어 학예회 때 쓴 음악을 깔았다.

"이제 더는 못해, 마지막이야."

깜짝 이벤트라 애들에게 물어보지 못하고 끙끙댔다.

노래 연습과 동영상 만들기가 나의 계획이어서 나름대로 행복했다. 빛바랜 가족 앨범을 들추고 사진 찍어 편집하는 동안 지난날들이 내 머리에 하나씩 추억으로 되살아났다. 그 영상 속에 제일 돋보인 존재는 남편이었다. 꺼벙한 머리지만 그때는 대머리가 아니어서 손자들은 할아버지가 멋지다고 한마디씩 거들었다. 자신들의 엄마 어릴 때의 모습을 보고 환호하며 웃었다. 기어다니는 모습, 또 돌사진을 보면서 이모와 삼촌의 유아 시절은 더 깊게 각인이 되는 듯했다. 함께 찍은 대가족 사진을 마지막 사진으로 넣었다.

「지금,

여기,

이곳에 우리 가족이 있어 행복합니다.」라고 끝맺음 글을 썼다.

오늘따라 45년 만에 외출한 결혼반지가 유난히 반짝거렸다. 유행에 맞춰 한 디자인이어서 일상에는 조심스러워 끼지 않았는데 집을 나설 때 의미 있는 반지라 챙겼다. 그래서인지 이 반지만큼은 세월의 더께가 비껴간 듯했다.

첫 손녀인 예림이의 손편지에서 결혼 45주년을 '홍옥혼식'이라고 처음 알았다. '따뜻한 바람과 햇빛을 잘 받아 익은 사과같이, 붉은 보석 색처럼 남아 있는 열정을 발산하세요, 여생을 건강히 지내시고 할머니와 할아버지만의 행복한 시간이 되시라.'는 글이 생각났다.

팔순을 훌쩍 넘긴 신달자 시인의 인터뷰 내용이 생각났다. 세 딸네 가족과 더불어 사는 그네의 집을 '고회지가高會止家'라고 했다.

'이 세상에서 가장 아름다운 모임은 온 가족이 함께 모인 자리'라고 했는데 우리 지금 이 모습이 바로 그랬다.

'그대 없이는 못 살아, 나 혼자서는 못 살아,
떠나가면 못 살아~'

나도 모르게 이걸 흥얼거리고 있었다.

한 알의 진주를 보태며

한낱 바이러스의 출몰인데도 코로나19는 우리 일상을 바꿔놓았다. '집콕 세대'라고 하는 새로운 신조어를 만들었다. 그 바람에 나도 어느새 TV 마니아가 되었다. 그중에 열중하는 프로는 '황금연못'이다.

오늘의 주제는 '최고의 선물'이었다. 60대 부부의 얘기였다. 너무 가난하여 결혼할 당시 제대로 예물을 받지 못해 10주년 결혼기념일에 남편에게 목걸이 선물을 받은 사연이 공개되었다. 시어머니의 시샘으로 지금껏 20여 년을 장롱에 넣어 두었다가 오늘 가져온 목걸이라고 했다. 시어머니와 소원疏遠했던 부분도 나아졌다고 했다. 사회자가 그 목걸이를 그분 목에 걸어 주는 장면이 있었다.

문득 나에게도 애지중지하는 진주목걸이가 생각났다. 결혼 20주년에 받았던 그 목걸이가 24년이 지난 지금도 나를 설레게 했다.

내 나이 스물셋, 남편은 서른이었다. 우리 부부는 내가 근무했던 학교에서 남편 선배 부인의 소개로 만났다. 우연찮게 만남의 자리가 되어 엉겁결에 6개월 만에 한 급탕 결혼식이었다. 맏이인 나는 교사 생활로 동생들의 뒷바라지를 감당해야 했다. 그런데 결혼한다고 했으니 부모님은 무척 난감했으리라. 남편은 내심 동생들의 뒷바라지를 책임지겠다고 설득했다. 하지만 박봉이었던 그 시절의 교사 월급은 마음뿐 기대와는 달리 형편은 나아지지 않았다.

장녀이며 버팀목 같은 나에게 거는 기대마저 눈 감고 한 결혼이었다. 어쩔 수 없이 남편의 재형저축 통장을 해지하여 예식 비용과 살림을 장만했다. 겨우 사글세로 시작한 결혼이었다. 다이아 할 값으로 백금 반지에 큐빅을 박고 가까스로 마친 상태여서 변변한 예물이 없었다. 남긴 다이아 값으로 남편의 양복과 시계, 예단을 준비할 수 있었다. 다행히 시부모님은 진짜 다이아를 본 적이 없었기에

"이 쪼그만 헌 게 메 그리 비싸다냐?"

요리조리 살펴보는 순간, 내 가슴은 죄책감으로 콩닥콩닥 뛰었다. 내 생애 최고로 긴장된 숨 가쁜 시간이었다. 우리는 서로 의지하며 20여 년을 같이 했다. 결혼 20주년이 며칠 남지 않은 어느 날, 학급 아이들이 파하고 교실에 앉아 지난날을 회상하며 손편지를 썼다. 넷이나 되는 아이들에게서 한숨 고를 수 있는 시절이었다. 병환 깊은 시아버님도 돌아가셨고 시어머님도 병환 중이었지만 그래도 쉼표를 찍고 싶어서였다.

스무 해를 살아오면서 소회를 적노라니 사뭇 적지 않은 세월이 뇌리를 스쳐 지나갔다.

마지막 글귀, '내 인생에서 당신을 만난 건 행운이었어요.'

출근하는 남편 도시락에 넣어둔 내 편지를 보고 도시락도 먹지 않은 채 조퇴한 남편이었다. 집에 급한 일이 있다고 조퇴하고 오란다. 시어머니 아니면 아이들 일로 찾은 것만 같아 택시 타고 부랴부랴 집에 오니, 현관에서 와락 나를 껴안았다. 손편지의 답장은 나를 숨 막히게 했지만 싫지 않았다.

갈 곳이 있다고 해 같이 간 곳은 백화점이었다. 화려하고 제일 큰 금은방으로 들어가 진주 목걸이를 샀다. 받고 싶은 선물이 진주 목걸이라고 언젠가 얘기했는데 남편은 잊지 않고 있었다. 거금을 주고 샀다. 거기에 덤으로 진주 반지까지.

내가 생각한 목걸이는 겨우 한 알의 진주알이 달랑이는 것이었는데 진주알이 50개가 줄로 꿰어진 것이 아닌가.

진주의 영롱한 빛은 한 알의 진주를 탄생시키기 위해 엄청난 고통을 견디는 인고忍苦의 시간이 있다. 조갯살에 상처가 나면 혹은 작은 모래 알갱이가 들어와서 살이 찝히거나 한다면 조개는 이를 견디고 참아내면서 진주를 만든다고 했다.

그리고 이 고통을 견딜수록 더욱 커진다는 사실을 알기에 무엇보다 더 소중한 선물이었다. 인공 진주가 아닌 천연이라 은은한 빛이 나를 매료시켰다. 보고, 또 보고, 만져 보고, 목에 걸고,

패션쇼 하듯 황홀경에 빠졌던 그 순간이 나를 미소 짓게 했다.

장석주의 시 '한 알의 대추'가 떠올랐다.

저게 저 혼자 둥글어질 리 없다.
저 안에 무서리 내리는 몇 밤
저 안에 땡볕 두어 달
저 안에 초승달 몇 날

진주 목걸이를 받은 지 어느새 25년이 지났다.

오늘 저녁 다시 꺼내 만져보는 진주 목걸이!

한 줄로 이어진 진주 속에 나의 인생이 알알이 꿰어 있는 듯했다. 미혼 선생님의 자유스러운 직장생활도 없이 새댁으로 자리매김하여 네 아이의 엄마로, 보수적인 전통 종갓집의 종부 살이, 한 학급 담임으로서의 책무 등 지나간 세월이 주마등처럼 지나갔다. 누리지 못했던 미혼 시절이 제일 아쉽다. 특히 부모님께 맏딸로서 책임을 다하지 못하고 도망치듯 외면한 그 시절이 죄스러워 가슴이 아팠다. 돌아가신 부모님의 빈자리를 채우며 나는 뒤늦게 누나와 언니로 반성하며 최선을 다하고 있다.

그러면 어떠하랴!

오래전의 생각과 지금의 생각들이 버무려져 이처럼 고운 빛으로 앙금이 맺혀 있지 않은가.

나는 지금 이 진주 목걸이로 행복을 만끽하고 있다.

오늘 저녁, 남편에게 한마디의 말로 한 알의 진주를 더 보태 보리라. "여보, 사랑해요, 당신을 만난 건 내 인생의 행운이었어요!"

나의 절친 마르타님

"어머니께서 어젯밤에 소천하셨어요."

"아~, 마르타님!"

추한 모습 드러내기 싫다고 누구에게도 면회 사절이라고 하셨는데….

다리에 힘이 쏙 빠지는 느낌이었다.

내가 20여 년 전, 전주시의 한 아파트 1102호에 살 때였다. 그 맞은편 1101호에 기품 있는 노부부가 입주하셨다. 14년을 같이 살았던 이웃으로 우리는 인연을 맺었다. 두 분은 명문고교에서 교편을 잡으셨다. 원평으로 귀향하여 선대의 가업인 양조장을 운영하시다가 자녀들이 은퇴를 권유하여 입주하셨다고 한다.

조용히 살려고 오셨는데 이웃인 우리 집은 개구쟁이 아들이 5살이고 고만고만한 딸 셋으로 인해 언제나 동네 아이들의 사랑방이었다. 뵐 때마다 머리를 조아리며 죄송하다고 말씀드렸지만 오히려 온화하게 다독거려 주셨다. 딸만 여섯인 마르타님의 자녀 모두 국내 굴지의 제약회사 간부거나, 약사, 교사였고, 나중에 안 사실이지만 다섯 사위들도 모두 의사로 성공한 전문인 가족들이었다.

시골에서 가져온 푸성귀를 가져다 드리면 귀한 선물이라면서 고맙다고 하셨다.

그때마다 더 얹어 주시는 선물은 되로 주고 말로 받는 것 같아 민망할 때가 많았다. 내가 큰 수술을 받았을 때도 병원장인 사위에게 나하고 제일 친한 분이라고 신신당부하여 특혜를 받았던 일, 셋째 딸 혼례 때 일찍 돌아가신 우리 부모님 대신 마르타님 내외분이 그 자리를 채워주셨던 일도 있다.

명예, 부, 인격을 고루 다 갖추신 그분은 나의 힘든 생활이 당신의 젊었을 적 과거를 보는 양, 연민을 느끼셨던지 볼 때마다 위로해 주셨다. 아이들 넷의 뒷바라지, 연거푸 치루는 집안 행사, 오랜 지병을 앓고 계시는 시어머님 병구완, 연구

학교 일로 퇴근이 연장되기 일쑤였다. 언제나 종종대는 내가 요즘 사람 같지 않다고 안쓰러워하셨다.

"조 선생님, 나랑 차 한 잔 해요."

그렇게 불러낸 그날, 노을이 아름답게 하늘을 아우르고 천변의 억새는 한 무리의 파도처럼 일렁이었다. 그때도 우린 팔짱을 끼고 모녀처럼 천변을 걸었다. 교육부 연구학교라 유난히 힘든 학교생활이었다. 나는 쉼표가 없이 살던 고단한 생활을 마르타님께 나름대로 위로받고 있었다.

고창 시댁에서 제사를 지내고 온 날, 인절미와 도토리묵을 쟁반에 담아 갖다 드렸다. 되받은 쟁반에는 마르타님이 며칠째 공을 들여 고운 청매실 엑기스가 담겨 있었다.

"조 선생님만 먹어요. 그러다가 쓰러질지 몰라, 엄마가 아프면 가정의 재앙이에요."

그 엑기스는 청매실을 일일이 씨를 빼 절구에 찧어 약한 불에 천천히 타지 않게 하루 종일 저어야 했다. 매우 귀한 고된 작업 끝에 나온 명품 엑기스라 값으로 따질 수 없는 것이었다.

우린 종교가 같아 더 가까워질 수 있었다. 집안 대대로 믿어 오신 독실한 신앙인의 자세는 늘 존경스러웠다. 당신 손

글씨로 쓴 기도문 노트 3권을 받았을 때는 신앙인으로서도 경외심마저 들었다.

그 무엇보다 승진을 생각지 않은 내가 안타까우신지 말씀해 주셨다.

“우리 조 선생님은 정말 훌륭하게 관리자 역할을 하실 텐데 포기하지 말아요. 시작하지 않으면 아무것도 이룰 수 없어요.”

“전 이 역할도 제대로 못 해요. 더군다나 승진이란 짐을 얹을 기력이 없어요”

손사래 쳤지만 만날 때마다 진심 어린 충고와 조언은 내게 또 다른 씨앗 하나를 키워 주셨다. 지금 생각하면 그분은 나에게 유언처럼 당신의 염원을 담아 주셨던 것 같다.

“어머니같이 참 좋아요”.

“조 선생님은 나의 best friend야, 어떤 친구가 이 늙은이를 이렇게 좋아하고 보살피고 대화하겠어?”

소녀처럼 웃으셨다. 난 어머니처럼 생각했는데 그분은 나를 친구로 여겨 주셔서 화들짝 놀랐다.

십수 년을 이웃하며 함께 살았던 내가 고창으로 이사 가던 날, 우리 내외는 두 분을 찾아뵙고 큰절을 올린 후 부둥켜안고 울음을 터트렸다. 때로는 어머니처럼, 자매처럼 그러나 우린 서로에게 최고의 절친, 'best friend'라며 지냈던 사이였기에 헤어지는 슬픔은 이루 말할 수 없었다. 그 뒤로 시간을 내어 희로애락을 격의 없이 나누었다. 일생을 살면서 역경을 극복했던 일, 자녀들의 교육관, 시사적인 이야기 등 나도 나이 들면 저렇게 원숙하게 익어 가야겠다고 생각했다.

'존중'을 솔선하셨던 35년 차의 친구이며 큰 어른이셨다. 교감 자격증과 국화꽃 한 다발을 들고 안치된 곳으로 그분을 찾아뵈었다.

"마르타님, 이제 왔어요. 너무 늦었지만 마르타님의 격려로 이렇게 결실을 맺었어요. 고맙습니다. 잊지 않겠습니다."

이 말 외에 다른 말이 필요 없을 것 같았다. 그분의 영정 앞에 나도 마르타님처럼 살다 가겠노라고 다짐하며 영정 앞을 떠났다.

뒤에 있는 그분의 영정 사진이 나를 보고 말씀하시는 듯했다.

"조 선생님은 충분히 그러실 분이에요."

"마르타님, 보고 싶습니다!"

보약 같은 친구들

나이 들면 돈, 딸, 친구가 있는 사람이 잘 산 삶이라고 흔히 농담처럼 얘기한다. 살다 보면 돈, 딸보다 더 위안이 되는 친구가 있다. 유안진의 '지란지교를 꿈꾸며'란 글을 다시 한번 음미해본다. 김치 냄새가 좀 나더라도 흉보지 않을 친구, 비 오는 오후나 눈 내리는 밤에도 고무신 끌고 찾아가도 좋은 친구, 나는 몇이나 될까?

이렇듯 사색에 잠겨보지만 그래도 몇몇이 떠오르는 걸 보면 그리 잘못 살지 않은 것 같다. 요즘 뒤늦게 만난 초등학교 친구들이 있어 참 행복하다. 우리는 초등학교 졸업 후 이순耳順의 나이에 만나 명성, 권세, 재력을 넘어 그냥 개구장이 친구로 만난다.

초딩 친구를 환갑의 나이에 만나니 쑥스러워 호칭을 높였는데 '누구야'로 이제는 거리낌 없이 부른다. 헤어지면 잔잔한 그리움을 엮은 카톡방이 왁자지껄 우리들의 사랑방이 된다. 많지 않아도 자주 만나지 못해도 친구라는 이름으로 살포시 다가온 초딩 친구들도 나에게 보약 같은 친구들이다.

장애를 가진 친구에게 노고단의 철쭉을 보여 주기 위해 헌신한 두 친구의 미담을 들었다. 휠체어를 밀고 계단은 업고 올라가 땀방울로 얼룩진 초등학교 남친들의 극비 노고단 등반은 우리 모두에게 감동을 선물했다. 4시간의 긴 고행이었던 등반은 큰 인내와 사랑이리라. 특히 그 친구에게 각별한 산행을 선물했던 그것은 동창同窓을 끈끈하게 만들었다.

1960년대 전주 변두리에 살았던 보릿고개 시절은 지금도 우리의 입맛을 그때로 되돌아가게 한다. 소풍처럼 먹을 수 있게 마련한 음식은 또 다른 별미를 만끽하게 한다. 동부가 드문드문 든 찰밥에 전라도식 겉절이, 빨갛게 무친 홍어 회평, 눌린 돼지머리를 더 좋아하는 찰진 육십 대 입맛이다. 쑥인절미의 콩고물이 입가에 묻어 흘러내려도 옛날 그 맛이라고 입맛을 다신다.

그러고선 지난날을 떠올리며 고달픈 과거를 회상했다. 그 때의 정을 그리워하는 우리는 계급장 떼고 만나는 기고만장한 다 큰 흰머리 초딩들이다.

그러면서 7080 노래를 맛깔나게 부르는 정석이를 가수로 초청한다. 그의 '인생' 노래를 떼창하는 친구들은 참으로 순진무구한 초딩들이다. 아름답게 익어 가는 친구들, '스쳐 간 세월 지울 수 없으니 남은 인생 잘해 봐야지~'하며 끝을 마무리하는 노래가 모두에게 울림을 준다.

초딩 3학년 때 돈이 없어 준비물을 못 사와 교실 뒤쪽에 서 있는 덕홍이에게 명희는 도화지를 주고 크레파스를 같이 썼다고 했다. 몇십 년이 지난 고백을 했을 때 다들 고개를 주억거렸다.

유난히 맥주를 좋아하는 현관이와 홍배로 인해 분위기는 고조되어 악동惡童이 되지만 그 시간만큼은 재롱처럼 여겨지는 건 또 뭘까?

술로 거나해질 즈음, 입담을 과시하는 어릴 적 품었던 짝사랑 고백에 한바탕 웃음을 선사한다. 낄낄대며 커다랗게 웃음을 터트리며 늦게 잠드는 우리들.

헤어지면서 또 낙오자가 없이 만나기를 염원하며 각자가 제 갈 길을 간다.

또한 나이 들수록 많이 배운 것, 돈 많은 것, 겉으로 드러나는 것 다 똑같다.

그렇지만 심신이 건강한 것이 최고라고 서로를 격려하며 호연지기를 외치는 종배사, 그런 모임이 나를 힘 솟게 한다. 자주 만날 수 없어도 이름을 불러볼 수 있는 친구가 있는 건 얼마나 행복한 일인가. 이렇듯 내 주위에는 살아가면서 만난 여러 친구가 있다. 이런 친구들과 서슴없이 만나 얘기하고 서로 존중하고 사람답게, 자기답게 사는 것도 모두 다 소중한 인연이 되리라. 요즘 유행하는 어느 가수의 노래 한 구절을 흥얼거려 보는 여유를 가져본다.

"자식보다 자네가 좋고 돈보다 자네가 좋아.

자네와 난 보약 같은 친구야~".

깨복쟁이 친구

며칠 전에, 프랑스 파리에 사는 영선이가 정숙이와 같이 우리 집에 왔다. 3년 전에 왔었는데, 툭 터진 앞마당과 한옥의 구들장이 생각난다고 했다.

긴장하지 않고 언제 만나도 스스럼 없는 친구라 오고 싶으면 오라고 했다. 옷을 다 벗고도 부끄러운 줄 모르고 함께 자란 친구가 '깨복쟁이 친구'라는데 정말 우리는 그런 친구다. 마침 우리를 위해 집을 떠난 남편 덕분에 자유롭게 지낸 1박 2일이었다.

200살이 넘은 아름드리 팽나무가 지금도 고향 마을을 지키고 있다. 그 열매로 밥 짓고 사금파리 주워 호박꽃과 조약돌로 꽃잎 찧었던 소꿉놀이는 지금도 생각난다. 동네방네 떠

들썩거리며 방방 뛰던 그 시절의 우리.

그냥 보고만 있어도 마음이 따스해지고 손만 잡아도 마음이 통했다. 칠십이 가까운 우리지만 댕깡, 말뚝 박기를 할 정도로 펄펄 끓는 그 시절의 감성이었다. 하지만 시답잖은 중년이지 아닌가. 나이 탓하지 말고 건강하게 살자고 또 한 번 다짐했다.

살이 찌건 말건 우리는, 영선이가 사 온 고기로 폭식을 했다. 옆집에서 가져온 따뜻한 가래떡, 홍시로 군것질하며 켜켜이 묵은 옛날 얘기를 반복 재생하며 시간 가는 줄 모르고 웃고 떠들어댔다.

"영선아, 너희가 부도나서 마을 모정으로 나앉게 됐잖아, 내가 우리 엄마 졸라 우리 집 아랫방에서 겨울 난 것 아니? 아마 열 살 때일걸."

"엄마, 저러다 영선이네 할머니 돌아가셔."

엄마를 따라다니며 졸랐다. 영선이네 가족은 좁고 불편한 창고 같은 방에서 그해 겨울을 났다.

"응, 얘기 들었어, 해니 언니가 말해줬어, 네가 그렇게 착했다고."

'아, 그래서 영선이가 우리 애들을 각별하게 챙겼구나.'

우리 애들 4남매가 각각 자유 여행으로 파리에 들렀을 때마다 밥도 먹여주고 간식까지 챙겨줬던 기억이 났다. 남편과 내가 파리에 갔을 때도 초대해 안방까지 내줬던 그 친구의 깊은 속내를 알 수 있었다.

마을에서 제일 잘 산, 엄마를 일찍 여읜 정숙이네 집은 자주 가고 싶었다. 갈 때마다 정 많은 할머니가 쌀밥을 고봉으로 담아주셨기에. 쌀가마니 가득 있던 아래채 방에서 만화책을 읽었던 기억도 생생했다.

우리는 키가 크고 예뻤던 기순이 언니 꼬붕으로 따라다니며 봄나물도 캐어 팔았다. 그때마다 티끌 반, 나물 반이라 타박 들으며 주전부리로 나온 고구마를 돈 대신 조금 얻어먹은 적도 있었다. 그 꿀맛 같은 맛을 잊을 수가 없다.

"맞아, 그랬었지."

맞장구치며 그때의 불평불만을 얘기하고 또 한바탕 웃었다.

우리 엄마가 만든 보리개떡과 호박죽도 별미였다고 했다. 영선이 엄마가 안경 끼고 신문을 읽는 모습이 인상적이었던 것도 들춰냈다. 그 시절 특별한 지성知性을 추억했다. 술을 마시면 말씀이 많아지고 흥에 겨웠던 경순이 아버지, 조반장님

얘기도 했다. 없이 살았던 그때를 떠올리며 새록새록 어린 시절을 한없이 끄집어냈다.

해 지는 줄 모르고 소리를 지르며 놀았던 그때가 생각났다. 친구 집에 들르면 밥 먹고 가라고 앉히며 숟가락을 쥐어줬던 그 어른들이 생각난다. 지금은 거의 안 계셔 추억으로만 떠올린다. 그래도 정 많은 고향 사람들이었기에 내 가슴은 촉촉이 젖는다. 이은상이 작사한 '동무 생각'이라는 노래 중, 동무를 상징한 노랫말이 떠오른다.

'백합 같은 동무, 저녁 조수와 같은 동무, 꽃 진 연당과 같은 동무, 밤의 장안과 같은 동무'라고 했다. 나는 깨복쟁이 친구를 개사하여 읊조렸다.

'고향 지키는 팽나무 같은 동무, 가랑이 속 말뚝 박은 동무, 발가벗고 물장구치던 동무가 아닐까. 고희古稀를 바라보는 우리는 아직도 세월을 거꾸로 사는 철부지 할매다.

희끗희끗한 머리가 상고 단발머리 그 시절을 알까? 새침데기 영옥이, 눈이 큰 순심이, 잘 삐지는 영희가 유난히 보고 싶다. 기억 속의 친구들은 아직도 어렸을 적 모습으로만 보인다.

일흔 살이 열 살로만 보이는 깨복쟁이 친구….

예순 살의 옹알이

인생 제 2막을 멋지게 출발하자고 나선 교대 동창 모임, 우리는 마냥 재잘거리고 깔깔대며 시끄럽게 떠들어댔다. 완주군 구이 저수지의 둘레길은 온통 우리 세상이었다. 우리는 천방지축 재기 발랄한 초등학생들의 현장 학습 인솔자에서 이제는 자유로운 영혼이 되어 맘껏 들숨 날숨을 내뿜고 있었다. 그동안 미처 보지 못한 각양각색의 자연을 눈으로 보고 귀로 들으면서 억눌렸던 지난 세월을 풀어내고 있었다.

차에 탄 우리는 나이가 들어도 그 옛날 대학 캠퍼스의 발랄함 그대로였다. 수다로 소란해진 버스 창 너머에는 봄기운이 한층 피어나고 있었다. 다음 코스인 「다듬이 할머니 공연단」이 펼칠 완주군 창포 마을로 향했다.

'또 딱, 또딱, 또 그 록 딱딱….'

누가 애써 팔 장단을 그리 맞췄나. 화사한 명자꽃 색 닮은 연주홍 치마에 개나리색 노랑 저고리 입고 나온 할머님들의 다듬이 소리.

햇볕에 그을린 낯빛 속에 검버섯 가리려 발라진 무대 화장은 그녀들의 세월까지 감추지는 못했다. 그래도 힘 있게 내 가슴을 비집고 들어온 장단, 그것은 그녀들의 한恨이었다. 평균 나이 84세인 여덟 분의 시린 장단이 내 가슴을 열고 내 귀를 먹먹하게 저미어 왔다. 유난히 작은 몸집인 그녀, 구순이라고 소개한 단장님이 이내 시야에 들어왔다. 땀범벅이 된 뭉개진 화장 너머로 보이는 쭈글쭈글한 주름, 그분은 무아지경이었다. 또 선두에서 장단을 소리 없이 진두지휘했다. 할머님들은 종횡무진, 흥을 실려 보내고 있었다. 경쾌하고 매우 단순한 다듬이 리듬이지만 나를 한없이 빠져들게 하였다. 그분 너머로 금새 내 어머니가 소리에 실려 왔다.

'아, 어머니!'

지금쯤 딱 이 어르신들의 나이였을 어머니가 가슴을 뭉클하게 했다. 그때는 몰랐던 이제야 안, 우리 어머니의 고단한 삶을 알아서일까, 새 소리와 바람 소리처럼 가슴에 파고드는 구슬픈 가락에 내 눈시울이 뜨거워졌다.

"중학교 원서 마감이 내일이에요. 진학을 못하면 성적이 아깝다고 한 번 더 물어보래요."

대답 대신 마루에 있는 다듬이 독 방망이로 옥양목 호청을 말없이 두들겨대던 어머니의 모습이 떠올랐다. 소리의 장단이 깊어질수록 두 볼 위로 눈물이 흘렀다. 고단한 살림살이, 하지만 어느 것 하나 힘든 내색 없이 오롯이 자신의 것이라 숙명처럼 여겼던 어머니를 이제야 알 것 같았다. 그때는 무척이나 힘들었다고 말하지 못하고 견뎌야 했던 그 시간이 아니었던가.

하지만 참고 견뎌야 살아지기에 그저 방망이만 두들겨댔다고, 그러면 마음이 나아졌다고 말하는 것 같았다. 시어머니의 윗대 시어머니 내림 장단이 고달픈 시집살이 한을 실어 오는 듯했다. 그 며느리의 가슴을 비집고 들어오는 구슬픈 소리가 자꾸만 귓가에 맴돌았다. 다듬이 공연은 그렇게 허한 마음이 모여 시작됐다는 안내자의 부연 설명에 공감이 갔다.

소리에는 방망이를 잡은 손길을 닮았고 그 손길은 가진 이의 삶을 닮았다.

소리는 자부심이 되고 기쁨이 되어 또다시 힘을 낼 수 있는 용기가 되리라.

척박한 삶을 이렇게 피울 수 있음을 보았다.

힘든 시골살이의 고달픈 일상이 '고뇌를 통한 환희'로 피운 꽃인지도 모른다. 또 인생을 소박하게 갈무리한 할머니들의 자존감 회복이 이토록 아름답게 흥으로 내뿜을 수 있다니.

'또 딱, 또딱, 또 그 록 딱딱….'

창포 마을에서 들었던 가락이 자꾸만 나를 옹알이 시켰다.

오래전에 돌아가신 어머니한테 예순 살의 내가 한 옹알이었다.

마늘 바라기

"아, 살았다!"

여리디여린 새순이 나온 걸 확인한 순간, 나도 모르게 그 말이 나왔다.

마늘밭 두 번째 작업은 밭 다랑이가 넓지 않아 쉽게 생각했으나 만만치 않았다. 작년과 달리 싹이 안 나온 게 많아 무심한 척했지만 마음에 걸렸다. 돈으로 따지면 얼마 되지 않지만 가뭄으로 굳어진 땅을 힘겹게 판 남편의 노고가 내내 생각났다.

"지금 때워도 암시랑 안 혀. 마늘은 늦어도 된당께".

마침 운동 나온 광주댁에게 여쭤봤다. 그래서 오늘은 작정하고 나온 터였기에 더욱 해가 지기 전에 끝내야 했다. 이번

에는 흙을 밟지 않고 가에서 싹이 나오지 않은 구멍을 건들어 상황을 봐야 했기에 힘들었다. 무심코 심을 때 밟은 구덩이 속 마늘은 힘들어서인지 아니면 숨 고르기를 하는 건지 땅속에서 쉬고 있는 것도 있었다.

또, 수분이 모자라 이제야 눈을 틔우고 있는 것도 있고, 덮어 놓은 비닐 틈새로 물기가 많아 곯아서 영영 싹을 내밀지 못한 것도 있었다. 여기저기 구멍 찾아 떼우는데 어떤 구멍은 속 깊이 파보면 얼핏 싹을 틔우고 있었다. 그 싹은 지쳐가는 나를 심폐 소생 시키듯, 숨을 돌려놓았다.

무릎을 꿇고 두 손으로 보듬어 제자리에 앉혀 놓은 뒤 허리를 폈다. 손끝으로 전해지는 내 심장의 울림을 손으로 모아 마늘의 에너지로 전달했다. '밥 정情'의 풀이를 '밥을 온전하게 나누는 마음'이라고 했던 임지호 셰프. 그는 '흙은 사람보다 넓고 깊고 아름다워 흙냄새를 가장 좋아한다'고 했다.

그 흙이 사랑을 품어 잉태한 열매들이 식물이 아닐까 싶다. 아메리카 인디언은 '11월은 모든 것은 다 사라진 것만은 아닌 달'로 묘사했다. 그런 11월에 가을을 갈무리한 텅 빈 들판 한 모퉁이에서 손끝으로 숨을 불어 넣으려고 한다. 나는 마늘 바라기를 하며 땅을 보듬고 있었다.

영근 햇빛을 받아 속살을 살찌울 여섯 쪽의 알맹이를 떠올리며 알싸한 내음을 미리 맡고 있었다. 작은 것들의 아름다움에 귀를 기울이리라!

이런저런 생각을 하며 몰두한 나를 부르는 소리가 났다. 가로등이 켜질 때까지 오지 않은 마누라가 생각나 자전거를 타고 나온 남편이었다. 그의 부름에 화들짝 놀랬다. 그때서야 마무리를 지었다. 한 바가지의 마늘 떼우기가 과연 진정한 마늘 구하기로 끝날지는 의문이지만 말이다. 언덕 위로 올라가 자전거 뒤에 앉았다. 남편의 등허리를 꽉 잡았다. 휘청거리며 균형을 잃은 자전거가 비로소 제대로 굴렀다.

"이눔의 여편네 방댕이가 솔찬히 무겁네!"

서리 맞은 가을 국화가 가로등 불빛에 환한 미소로 나를 맞는다.

Part 2

둘이 반띵하자

좌충우돌한 회갑연이 그래도 사랑이라는 이름으로 면피免避되어 그때의 그 모습,
그 시간들이 지금은 가슴 따뜻하게 간직하고픈 빛바랜 사진 한 장이 되었다.

받고 싶은 밥상

종편이 생긴 뒤로 돌리는 채널마다 다양한 먹방 프로그램이 대세를 이룬다. 누구나 생존하면서 먹을 것을 배제하지 않지만 은연중 시청자들에게 탐욕을 부른다. 그것은 무의식적으로 우리를 자극하고 세뇌시킨다. 보는 이로 하여금 모두가 심각할 정도로 과잉 식탐에 빠져든 적도 있었다. 경쟁적으로 다루는 프로그램을 볼 때마다 과연 우리가 추구하는 진정한 최고의 밥상은 어떤 밥상일까 궁금했다.

'최고의 밥상'은 정서적인 측면에서 수라상을 떠올린다. 즉, 왕의 밥상이어서 일반적인 해석은 왕이 잣수시는 수라상으로 인식되었다. 각 지방에서 최고의 식재료가 공수되어 산해진미로 차려진 그 밥상일 것이다. 현대적인 측면에서 보면 거리가 멀어 오히려 산지에서 가공하지 않고 즉석에서 먹는 요즘 사람들의 밥상을 최고의 밥상으로 치는 요리 대가도 있다.

그렇다면 내가 받고 싶은 최고의 밥상은 무엇일까?

결혼 전에는 밥상을 무수히 받았지만 생각없이 먹었다. 결혼 후에는 오직 차려주는 입장으로 살아왔던 지난 시절은 나의 밥상은 잃어버렸다. 시부모님 생신상, 제사상, 가족 행사에 따른 큰일 등….

네 아이의 생일 초대로 종종대던 기억뿐, 오롯이 나를 챙기는 건 생각조차 못하고 묻어왔다. 이제는 다들 출가하여 제 몫의 삶을 살지만 바쁜 탓인지 용돈마저 이체하는지라 우리 내외의 생일상은 언감생심이 되어 버렸다. 그저 아이들이 정해주는 날짜, 장소에 가서 호텔 뷔페를 먹든지 유명한 한정식에서 가족 모임을 하는 것이 고작이다.

그리고 그냥 체념하고 넘어가야 한다. 의미를 부여하고 명분을 쌓는다는 건 또 다른 갈등을 가져오기 때문이다. 현명하고 실질적인 타협이었다. 육십 중반을 넘어선 내가 불현듯 받고 싶은 밥상이 있다.

"어여 오너라, 힘들지야 ~".

여중시절, 내가 장거리인 학교에서 땀이 범벅되어 얼굴이 벌개진 채 대문에 들어서면 어머니는 이렇게 반겼다. 꼽쌀미 꽁보리밥, 호박잎쌈, 고구마순 무침, 알맞게 익은 열무김치가 있는 그 밥상이다.

보리밥이 볼에 가득 차 미끌거려도 꿀맛 같았던 울 엄니가 차려준 그 밥상! 그게 그리운 건 따스한 말 한마디와 다정스레 내려다본 엄니 눈길이었으리라. 최고의 밥상을 만들 수 있는 최상의 재료는 바로 사랑과 정성이리라.

그 어머니에게 내 손으로 밥상을 몇 번이나 차려드렸는지 후회가 된다.

이제는 내가 엄마의 손맛 닮아 흉내라도 내련만 먼저 가신 엄니가 야속하기만 하다.

"엄마 밥, 실컷 먹고 왔어."

매년 명절 뒤로 친정 다녀온 친구들에게 뭐 했냐고 물으면 이런 말을 듣는다.

그들이 말하는 엄마 밥이 이 나이에도 나를 울컥하게 만든다.

그것은 위장의 허기뿐 아니라 영혼의 허기까지 달래주는 그 무엇이 아닐까.

밥의 영역을 넘어선 그 밥상.

그래서 사람들은 추억이 있는 엄마의 손맛을 '최고의 밥상'으로 꼽는 것 같다.

내가 받고 싶은 '최고의 밥상'은 바로 그 밥상이다.

밥정情

TV 자막에 방랑 식객 임지호님의 별세 소식이 떴다.

“아니, 이럴 수가…!”

뉴스 자막에 뜬 안, 그 소식은 나를 놀라게 했다. 며칠 전에도 건강한 모습으로 출연한 모습을 보았는데 심장마비로 갑자기 세상을 떠났다니 무척 황망했다.

몇 해 전, 둘째 딸네와 같이 우리 집에서 고창 체험을 했던 민서 엄마가 책과 앙증스런 램프를 보내줬다. 임지호님이 지은 ‘마음이 그릇이다, 천지가 밥이다’라는 내용이 나에게 잘 어울릴 거 같아 책을 보낸다고 추심이 적혀 있었다.

독특한 조리법과 자연의 식재료를 사랑한 그의 일탈은 새로운 시도여서 내가 닮고 싶은 세프였다. 수더분한 이웃집 아저씨 같은 따뜻한 분이셨기에 더 애석했다.

어느 날, '식사하셨어요?'라는 TV 프로에서 그분이 요리하는 모습을 보았다. 오지 마을에 가서 생면부지인 할머니들을 위해 그 지역에 나오는 식재료로 늘 요리를 하였다. 특별한 식재료가 아니지만 그의 손이 닿으면 금세 고급진 먹거리로 변신하여 대접하는 모습이 인상적이었다. 평소 요리에 대한 선망과 갈증으로 빈 가슴이었던 나는, 자연에서 채취한 보잘것없는 식재료가 그로 인해 대접받는 음식으로 기쁨을 줄 수 있다는 그 점이 위대했고 존경스러웠다.

특히 평범한 할머니들에게 자신의 어머니를 대하듯 공경하는 모습이 예사롭지 않았다. 어렸을 적 두 어머니에 대한 절절한 사모곡이 된 것도 이해가 갔다. 적모와 생모의 관계에서 쓰라린 아픔이 이 세상 어머니들에 대한 사모곡이 되었던 사실도 가슴이 먹먹했다. 아들을 낳지 못한 적모에게 씨받이인 어머니가 임신 사실도 모르고 쫓겨 났다. 혼자 키울 수 없어 젖을 뗄 수 있는 세 살배기인 아들을 적모에게 주고 나오는 길에 교통사고로 생모를 잃었다고 한다.

'밥정'이란 영화에서는 마치 먼 옛날, 제사 의식을 치루는 제사장과 같은 경건하고 엄숙한 화면에 압도되었다. 그는 생모, 적모 외에 또 한 분의 어머니가 있다고 했다. 방랑하며 전국을 돌아다닐 때 지리산 오지에서 만난 김순규 할머니가 세 번째 어머니였다. 그 세 분을 기리며 차려진 거한 제사상은 과거, 현재, 미래의 죽음을 예견하는 그의 유작이 됐다. 마지막 나레이션으로 끝나는 그의 방랑의 모습은 오래도록 가슴에 남았다.

그는 지리산 산골의 재래식 부엌에서 3일 밤낮을 새며 108가지의 음식을 차렸다. 몸과 마음으로 영혼을 채우는 제사상이었다. 혼신을 바쳐 만든 음식을 맛보는 그 자체보다 먹는 모습을 흐뭇하게 바라보며 살가워하는 그의 함박웃음이 더 뇌리에 남았다.

'음식은 종합 예술이고 약이며 보약이다!'

그가 남긴 체험에서 득도한 그의 이론이다. 그러기에 쇠만 빼놓고 그 외의 모든 재료가 식재료라는 그였다. 인간적인 면모뿐 아니라 주위를 환하게 밝히며 요리로서 그들을 보듬어주는 인간애는 귀감이 됐다. 사람과 사람의 인연, 함께 밥과 정을 나누며 살아가는 것, 이 소중함을 일깨우며 우리 삶을 되돌아보게 했던 그 분이셨다.

우리나라의 숨겨진 장소들을 찾아다니며 자연에서 식재료를 구하고 자연의 것 그대로 요리하는 방랑 식객이었다. 나름의 거친 모습으로 살아온 그는 인간의 정이 비로소 밥이라는 매체를 통해 얻어진다고 했다. 그 정이 밥정情이라 했다.

혼밥, 혼술이 요즘 대세라 하지만 함께하고 같이 먹어주고 마실 수 있는 이가 있다면 이 세상은 그만큼 더 훈훈하고 정이 넘치는 사회가 될 것이다. 산당 임지호님의 일생을 보며 그를 통해 죽음을 재조명해 보았다.

살아온 날보다 살아갈 날이 점점 줄어만 간다. 내 삶의 잔고는 과연 얼마큼일까? 늘 되물어야 한다. 그 물음에서 나는 어떻게 살지 생각해 본다. 단 한 번뿐인 인생, 후회를 줄이기 위해 마음에서 원하는 삶은 어떤 삶일까? 그동안 죽음을 한두 번 본 것이 아니다. 내 주위에서 영면하신 부모님뿐 아니라 지인, 친구들도 하나씩 스러져 간다. 앞으로 더 많이 해가 갈수록 당면하리라. 내가 이 세상에 살면서 무엇을 남기고 떠날 것인가? 자문해 본다.

톨스토이의 단편 “선”에서는 ‘사람은 무엇으로 사는가’ 사람이 사는 가장 중요한 것은 '사랑'이라고 했다. '사랑'이 가장 소중한 가치라고 생각이 든다. 말로만 하는 것이 아니라 몸으로 행동하는 그 사랑을 임지호님이 실천했던 것은 아닐까? 비록 그분과의 만남은 책과 TV였지만 그의 족적만으로도 나를 그 안에 스며들게 했다.

그러고 보니 어제 윤경이네 집밥은 밥정을 나누기에 딱 안성맞춤이었다. 단톡방에 이렇게 썼다.

'윤경 님의 차돌박이 된장국, 비주얼 떡볶이, 밤 콩밥, 탄성을 자아낸 묵은지, 거기에 이쁜 아우님들의 밥정情!'

이렇듯 개체가 소중하고 살아갈 날이 팍팍할수록 밥을 나누고 기대며 보듬어 보자.

"마음이 그릇이다, 천지가 밥이다."

새삼 임지호, 그분의 말이 나를 붙든다.

보나베띠

코로나19의 위력은 대단하다. 2주 정도의 예방 수칙만 잘 지키면 끝날 줄 알았던 감염자가 눈덩이처럼 불어났다. 언제 끝날지 막연하다. 요즘 이 일이 일상에 대한 그리움을 깨우쳐 줬다. 이런 와중에서 우연히 본 '줄리&줄리아'란 영화는 나에게 기분 전환이 됐다.

"보나베띠!"

우리나라 말로 '맛있게 드세요.'라고 줄리아는 요리 프로에서 끝인사를 했다.

활짝 웃으면서 소탈하게 말하는 평범한 말 한 마디가 따스하게 울림을 준다.

뚝배기에 된장찌개 끓이고 상추 겉절이 만들어 갓 지은 밥

상머리에서 내가 하는 말,

"맛있게 드세요."

나의 '보나베띠'다. 그러나 정작 용기를 내지 못하고 이렇게 망설이고 있다. 정성껏 만든 음식을 소박하게 권하는 식탁의 풍경은 우리가 찾는 '식食'을 상징하는 본연의 자세가 아닐까.

줄리아는 평소 하고 싶었던 요리를 늦은 나이에 배웠다. 그녀는 '미국인을 위한 프랑스 요리법'이라는 책을 만들었다. 자신이 행복해지는 일을 찾아 쉼 없이 애정을 쏟는 게 얼마나 즐거운지….

미국에서 나고 자란 줄리아는 외교관인 남편을 따라 프랑스로 이주한다. 말도 통하지 않는 낯선 외국 생활에서 그나마 행복한 순간은 맛있는 음식을 먹을 때, 근사한 요리야말로 자신을 행복하게 하는 것임을 깨닫자마자 요리 학교에 입학한다. 모든 게 서툴지만, 서두르지 않고 차근차근 배워나가며 마침내 모두를 감동시키는 전설적인 셰프가 된다.

한편 뉴욕에 사는 평범한 주부인 줄리는 요리 블로그를 시작한다. 셰프인 줄리아의 요리책을 보며 일 년 동안 500가지가 넘는 레시피에 도전한다. 처음엔 아무도 그녀의 도전에 주목하지 않지만 결국 많은 이들이 글과 요리를 좋아하게 된다. 프랑스와 미국, 두 도시에서 자신만의 꿈을 이뤄낸 그녀들의 근성이 이룬 상차림처럼.

삶이 어떻게 빛나게 되는지 그녀들의 표정이 말해 줬다. 그런 그녀들의 절대적인 후원자는 남편이었다. 절망과 좌절의 끝에서도 우뚝 일어설 수 있었던 힘은 따스한 격려였다. 온전히 진심을 다해 응원해 주는 것, 옆에서 자리를 지키며 그대로 있어 주는 것, 이런 사랑!

"당신은 내 빵의 버터이고 내 삶의 숨결이야."

줄리와 줄리아가 그런 남편에게 하는 극찬의 말이었다.

코로나로 갇힌 요즘, 나는 오래전에 넣어둔 냉장고 식재료를 많이 활용하고 있다. 작년 봄에 뭉쳐둔 쑥 개떡도 쪄 먹고, 가을에 얼렸던 참게도 맛깔난 변신을 한다. 표고버섯과 다시

마로 육수 내어 새우젓으로 간을 맞춘 콩나물국을 끓였다.

"이 국, 참 맛있네. 해장국으로 딱이야!"

남편의 말 한마디에 금방 둑길에 있는 어린 쑥이 떠올랐다. 다음 밥상의 메뉴는 쑥국이다. 나도 남편의 칭찬으로 세프의 길로 점점 진입하고 있는 것만 같다. 착각은 자유라지만.

'하고 싶은 게 뭐야?'

'무엇이 너를 행복하게 해?'

마음을 두드리는 영화였다.

"나이 같은 건 아무 소용이 없어."

"네가 하고 싶은 걸 열심히 해! 그러면 너도 모르는 사이에 네가 상상하지도 못할 곳에 도착해 있을 거야."

영화는 계속 이런 대화로 나를 몰입하게 했다.

나의 보나베띠의 시작은 언제쯤일까 가늠해 보는 하루였다.

엄마 밥상

해마다 휴가철이면 우리집 잔디밭에서 15명쯤 되는 대식구가 모여 바베큐를 즐겼다. 올해는 코로나19로 인해 따로따로 모이니 그나마 조금은 덜 북적거렸다. 한 가족씩 올 때마다 가까이 사는 전주 딸네가 합세해 그래도 대식구다.

8월 첫 주에는 둘째네가 오고 셋째 주에는 첫째네가 왔다. 외국에 나가 있는 손자의 야윈 얼굴을 보니 가슴이 아파 2박 3일을 집밥만 먹였다. '여름 손님은 호랑이 보다 더 무섭다'고 했지만 손주 사랑이 더 컸다.

엄마가 줄곧 끼니 챙기느라 힘들었음을 알고 첫째 딸은 오는 날, 첫 끼니부터 외식을 하자고 했다. 방장산 계곡 가서 발 담그고 싶다고 집에 오자마자 재촉하는 그네들에게 토종

백숙이 첫 음식이었다. 집에 돌아오는 길에 대뜸 살 게 있다고 하면서 들른 마트에서는 주전부리를 비롯한 많은 먹거리를 몽땅 사왔다. 남편의 말을 빌리자면 마트를 차릴 만큼 말이다.

'엄마가 차려준 맛있는 밥상도 좋지만 편히 쉴 수 있는 엄마와 딸의 해후가 더 좋다'는 그네들의 설득에 어쩔 수 없었다.

그러나 나는 치즈 듬뿍 든 피자보다도, 뒤란에 있는 부추와 속이 꽉 찬 바지락에 텃밭에 있는 청양고추 송송 썰어 넣은 부침개도 먹이고 싶었다. 깐족쟁이 족발 대신, 항정살 돼지고기 두루치기도, 장날에 고른 물 좋은 갈치 지짐도 가슴에 넣었지만 소용이 없었다. 손수 가꾼 단내 나는 참외도, 탐스럽고 씨 없는 거봉 포도에 밀려 순위가 바뀌어 버렸다.

저녁에 먹을 줄 알고 지져 놓은 갈치 지짐을 몇 번이나 뎁혀 놓았다.

"너희가 안 먹으면 아버지와 난 몇 끼니를 먹어야 해."

라고 설득해서 가는 날 아침만 밥상을 차렸다.

"와, 엄마 밥상이네!"

"이 바지락 진짜 맛나네. 너무너무 싱싱해요. 속이 꽉 찼어요."

"할머니, 갈치가 되게 크네요. 참 맛있어요."

"이 겉절이도요. 난 아무리 해도 이 맛이 안 나는데…".

이제야 막힌 숨통이 트였다. 그렇지만 남편이 밭에서 따 온 참외는 등장도 못 했다. 늦게 합류한 셋째 사위가 가져온 당도 높은 백도와 밀감에 밀렸기 때문이었다.

큰딸이 올라가는 날, 4남매 가족 뒷바라지 하느라고 애쓴 나를 힐링시켜 준다고 해 엉겁결에 서울로 갔다. 세끼 모두 외식과 배달 음식으로 일관해 새롭고 다양한 고급진 음식을 먹었지만 그때 일뿐, 내 허기는 여전했다. 더 있다 가라고 잡았지만 소박한 내 집 밥상이 그리워 내려왔다. 말로는 두고 온 남편 때문이라 했지만.

예전에 우리 아이들이 내 품 안에 있을 때다. 식탁에 앉아 시끄럽게 떠들며 후라이팬 채 놓고 허겁지겁 고기 한 점이라도 더 먹으려고 다투던 그 시절이 생각났다. 사과 한 상자가 며칠도 못 가 없어져 나중에 보면 각자 유리한 고지에 숨겨 놓느라 야단을 떨고 여기저기에서 나오는 상한 사과도 떠올랐다.

나는 지금도 그때를 기억하며 우리 애들이 좋아한 그 음식을 해주려고 고집한다. 이제는 내 품을 떠난 지도 벌써 십수 년이 넘었으니 세월 따라 시대 따라 시시각각 변하는 것을 스스로 인정해야 하리라. 우리 어머니가 생각났다. 그 가난한 시절 나에게 먹이고 싶어 볼품없는 재료지만 한 끼를 차렸던 그것이 바로 엄마의 정성이었음을, 아니 그 시절에는 눈물이었는지 모른다.

엄마의 정성으로 차려진 이 작고 단출한 밥상이 세상에서 가장 귀하고 무엇과도 바꿀 수 없는 인생 최고의 밥상이었음을 내가 엄마 그 나이가 되어서야 알 것 같다.

자식이란 그렇다. 행복하고 평안할 때보다, 사는 게 힘들고 팍팍할수록 더 엄마를 찾는다. 그리고 엄마가 차려주는 온기

가득한 한 끼 밥을 찾는다. 내가 그랬듯이.

엄마란 존재는 자식들의 저울추 역할을 맡고 있는지도 모른다. 한쪽이 허하면, 반대쪽을 채워 준다. 자식이 눈물을 흘리면 말없이 따뜻한 밥 한 그릇으로 닦아준다. 밥을 지으며 흘리는 당신의 눈물은 내보이지 않는다. 그래서 자식들은 그들의 험난한 삶을 버텨내고 살아가는지 모를 일이다.

아이들이 떠난 빈 둥지가 된 이곳에서 우리 내외는 둥지의 파수꾼이 되어 붐볐던 지난날을 그리워한다. 우리가 먹고 싶은 것 다 주문해서 먹을 수 있다고, 굳이 아픈 손 쓰지 말고 제발 아끼라는 간곡한 당부도 금세 잊고, 쪽파와 배추김치 담가 택배로 부쳤다. 이제야 마음을 내려놓았다. 자식들은 모른다. 엄마의 밥상에는 보이지 않은 엄마의 눈물이 흐르고 있다는 것을.

내 엄마도, 나도, 내 딸들도 그들만의, 엄마의 눈물이 흐를 것이다.

며느리 설날은

"컹 컹, 커엉 컹!"

사립문을 나서는데 제일 먼저 옆집 개가 아는 체했다.

전지를 든 옥란이를 따라 조심조심 어둠 속을 걷지만 눈길에 미끌어졌다.

"아이쿠!"

간신히 잡은 노란 떡국 냄비는 무사하다. 섣달그믐 떡방아도 모자라 정월 초하루 새벽부터 엉덩방아를 찧었다.

"후유…."

그때 내쉬는 안도의 숨소리.

"할머니, 손부 왔어요."

설날 이른 새벽 제일 먼저 찾은 종조할머니 댁은 그때부터

수런거리기 시작했다. 떡국 쟁반을 든 채 바깥에서 조금 있다 안으로 들어갔다. 당숙모가 소반을 가져와 차리기 시작하면 나는 할머니께 세배를 드렸다. 세배를 마치면 할머니가 눈깔사탕 한 알을 손에 쥐어준다. 벌써 단물이 입안에 고였다.

"손부, 먹소."

다음은 이촌 할아버지 댁이다. 아침잠이 없으신 그분은 어느새 정좌하고 계셨다. 곰방대 두드리는 소리가 집안에 울렸다.

"손부, 떡두꺼비 같은 아들 하나 낳소."

우물가에서 숭늉 찾는 덕담을 듣고 고샅을 돌아 나왔다. 이번에는 내구 당숙모댁이다. 질척거리는 웅덩이에 치맛자락이 밟혀 발이 빠졌다.

"오메, 버선이 다 젖어부렸네!"

그래도 얼른 다녀와야 했다. 아직도 네 군데나 남았기에….

떡국 세배를 마치면 시어른께 세배하고 진설해야 하기 때문에 꼭두새벽부터 강행한 설날 아침은 유난히 부산스럽다.

이윽고 먼동이 트고, 커다란 가마솥에 떡국 쑬 물을 잡아 볶아 놓은 쇠고기를 넣었다. 당숙들과 우리 제종 식구들이 다 들어서면 마루는 물론 마당에 있는 덕석까지도 다 찼다.

제종 형제가 스물두 명이나 되는 대가족이 차례를 지내고 떡국을 먹고 나면 태풍이 휩쓴 양 뒤끝이 걸었다. 종손이어서 제일 먼저 차례를 지내 그날은 언제나 북적대었다. 부침성 있는 새집 시아재가 그릇을 날라주며 연신 맛있다고 한마디씩 거들었다.

하루 종일 골방에서 시아버님의 세배 손님을 치렀다. 술상을 준비하며 찌개도 데우고 이렇게 설날이 지나갔다. 친정 나들이는 생각조차 못 하고 오로지 손님맞이로 지낸 그 세월들, 지금은 아련한 추억으로 되새김하지만 참으로 맞기 싫은 설날이었다.

고단했던 그 시간이 지나면 정월 초이틀, 이날은 작은집 제삿날이다.

작은아버지의 기일인지라 도산 동서들이 다 건너왔다. 푹푹 빠지는 논두렁길을 지나 보를 건너온 며느리들의 왁자지껄 담소가 시작됐다. 남정네들은 기일인지라 제주祭主 분위기여서 엄숙하게 가라앉지만 부엌 정경은 축제의 한마당이다. 바라지 사이로 칼바람이 들어오는 재래식 부엌이지만 떡메로 친 따뜻한 인절미를 안반 위에 넣고 복지깨로 썰었다.

“앗 따, 질부, 이 귀배기 먹소, 종손 하나 점지해 달라고…”.

그 인절미 식감을 어디 요즘 떡에 비하랴.

“형님만 주지 말고 지도 좀, 줘 봐유, 장손 낳게 유~”.

콩고물 묻힌 입가는 터져 나오는 웃음을 막을 수 없었다. 제사를 마치고 윷놀이가 시작되었다. 여섯 동서들의 입담은 더 걸어지고 벌칙으로 나온 숨은 장기는 한바탕 배꼽을 잡았다. 특히 노화에서 시집온 동서의 곱사춤이 일품이었다. 그랬던 우리들이 이제는 자녀들의 결혼식 때나 만나 몽글몽글했던 그 시절을 추억한다.

시작은 아버지의 제삿날, 설날 스트레스를 마음껏 풀었던 우리들의 그 이야기가 옛날 얘기처럼 떠오른다. 그때는 안 불렀던 한 구절의 동요,

“우리 시집 설날은 어저께고요, 우리 며느리 설날은…”

된장 오케스트라

“된장 가르는 날이다!”

토방에 놓인 고무신을 신었다. 그리고 헛간에 있는 고무 함지박을 들고 뒤란으로 들어섰다. 간장 항아리의 뚜껑을 열기 전 심호흡을 했다.

‘올해의 장맛은?’

연례 행사처럼 거듭되지만 항상 가슴 조이는 순간이다.

귀향한 지 십 년째, 어머니의 장독대를 맡아 간장과 된장을 담가 왔지만 언제나 새롭다.

‘왜 곰팡이가 안 피었지?’

전 우익의 ‘혼자만 잘 살믄 무슨 재민 겨’ 책에서 장 속에 오방색의 곰팡이가 있어야 맛있는 장이라고 했는데….

예전과 달리 된장 가르기를 보름이나 앞당겨서일까?

두근거리는 마음을 일단 접고 인터넷을 찾았다. '된장 가르기'를 검색해보니 '명인 홍 쌍리 된장'이 메인 화면에 떴다. 자세히 읽었다. 그분은 음력 삼월 삼짇날 즈음이 적기며 곰팡이 방지를 위해 옻나무를 넣는다는 것을 알았다.

"후유, 다행이다, 곰팡이가 없는 게 정석이구나!"

된장만을 원하면 간장을 일찍 가르라 했다. 나도 42일 만에 갈랐다. 숯과 물렁해진 고추와 대추, 가로질렀던 시누대를 빼냈다.

한 덩이씩 두 팔로 메주를 조심스럽게 보듬어 함지박에 넣고 치댔다. 남편의 도움을 받아 메주 뺀 간장을 연신 퍼부어 가며 메주 덩어리를 으깼다. 메주의 겉은 2㎝ 정도 마르고 속은 말랑거려야 잘 뜬 거라는데 아주 잘 부서졌다.

신바람이 절로 났다. 미리 비워 둔 항아리에 된장을 이리저리 눌러가며 공기를 뺀 후 약간의 웃소금을 질렀다.

'아이쿠, 메주가 주르르 흘러야 묽게 되는데?'

하마터면 잊어버릴 뻔했다. 묵은 간장 한 바가지를 부어서 다시 주물렀다.

된장을 몇 년씩 묵히니 처음에 묽지 않으면 나중에는 돌덩이처럼 딱딱해진다. 어느 한 해는 굳은 된장을 묽게 하느라 삶은 콩과 콩물로 다시 치대야 해 힘들었다.

치댄 된장을 항아리 속에 다독다독 넣고 그 위에 무명베로 한 자락 덮었다. 그 위에 비닐을 덮고 3㎝ 정도 소금을 넣었다. 그래야 구더기가 생기지 않는다는 것도 경험으로 알았다. 항아리 입술 부분에 또 무명베를 잘라 고무줄로 꽁꽁 묶고 뚜껑을 닫았다. 닫기 전, 담근 날짜를 무명베에 유성 펜으로 써두었다. 2016년부터 올해까지 다섯 항아리가 내 보물이다. 정성과 노력이 물씬거린 이 보물을 캐어 지인들에게 퍼 나르면 나도 모르게 세로토닌이 샘솟는다. 일을 즐기면서 하는 고통은 고통이 아니기 때문이다. 우리 식구가 먹는 된장은 쉽게 해결 하지만 이곳으로 온 뒤 오지랖 넓게 욕심을 냈다. 아파트에선 엄두도 낼 수 없는 일, 뒤란에 있는 수십 년 된, 장 항아리와 철 따라 묵은 소금이 자꾸만 나를 유혹했다.

올해는 정월 열엿새 날이 말날(午日)이기에 장 담그는 날로 잡았다. 하루 전, 풀어 놓은 소금물에 달걀을 띄웠더니 500원짜리 동전만 한 부분이 드러났다. 알맞은 염도였다. 염도를

맞춘 소금물을 무명베에 걸렀다. 하룻밤을 고이 보낸 뒤, 다음 날 아침 깨끗한 윗물만 떠서 그 물로 간장을 담갔다. 불에 빨갛게 달군 숯덩이를 넣었다. '치지-직' 연기가 피어오르며 소금물을 튀겨 낸다. 제 몸 속으로 물의 불순물들을 다 품었다. 예닐곱 개의 마른 고추와 한 줌의 대추를 넣었다. 메주가 뜨지 않게 서너 개의 시누대로 가로질러 놓고 뚜껑을 닫았다. 말갛게 항아리를 닦았다. 올해는 묵은 간장이 많이 있어서 간장 물을 예전의 반만 잡았다.

어머니는 메주를 쑬 때, 절대로 콩물을 넘겨선 안 되고 탄내가 안 나려면 마지막 불 단속을 잘해야 한다고 일러 주셨다. 그러나 이 단계는 요즘 건너뛰었다. 개량 부엌에서는 그 메주 쑤기가 가당치 않기에 요즘은 남편 친구 부인이 띄워준 메주로 담근다.

밭에서 거둬들인 콩을 실한 걸로 골라 하룻밤 푹 불린 다음, 가마솥에 안쳐 깻대와 콩대로 뜸을 들이던 어머니!

잘 뜬 메주는 탄내 없이 콩 고유의 구수한 냄새가 피어오르며 불그스름한 황갈색을 띤다. 올해에도 남편 친구 부인은 잘 뜬 메주를 보내 주었다.

물속에서 정갈하게 단장을 마친 메주들이 정월 햇살로 일광욕을 즐긴다.

마지막 의식을 기다리고 있는 듯, 소쿠리에 가지런한 메주들이 햇볕 속에 말갛게 피어났다. 몇 번이나 뒤란으로 발걸음을 옮기며 뚜껑을 여닫았던 그 시간도 있었다.

'대추 한 알이 저절로 붉어질 리 없다'는 시처럼 어우러진 자연적인 조화!

콩, 소금, 물만 사용하여 자연 발효와 숙성 과정을 거친 된장의 미션! 이렇듯 여러 단계의 치밀한 과정을 마무리하면서 즐거움을 느꼈다.

내가 마치 된장 오케스트라의 지휘자인양, 바로 이것이 세상에서 나만이 느끼는 기쁨이다. 나에게 주어진 달란트를 자유롭게 만끽한다.

철융신에게 정한수 떠 놓고 허리 굽혀 합장한 우리 어머니, 그 길을 나도 모르게 따라가고 있었다.

어머니가 남겨 두신 것을 나는 또 다른 기다림으로 이어가고 있다.

질박한 오지그릇 속에서 시어머니의 자분자분한 음성이 들리는 듯했다.

“애미, 지금 잘하고 있는 겨!”

우리 집 뒤란에는 쿰쿰한 냄새를 풍기며 장들이 익어 가고 있다.

아니, 오케스트라의 연주가 계속 들리고 있다.

아직도 진행 중

수필반 여행은 배롱나무의 어우러진 물그림자와 낙화된 분홍빛 홍조에서부터 시작되었다. 담양 명옥헌을 간 것이다. 그리고 담양댐 밑에 있는 '들풀이야기'라는 아담하고 정겨운 식당에서 담소로 이어졌다.

고급진 식기류의 느낌처럼 음식마저 색감과 맛깔난 풍미는 더할 나위 없는 한정식의 품위를 갖췄다. 추천한 박 의장님의 부연 설명을 듣고 우리는 맛있는 점심을 온 감각으로 체험했다. 이렇듯 정성으로 차려진 음식은 영혼의 헛헛함까지 달래주는 질박하고 정직한 맛의 진수를 보여준다.

나는 유달리 어렸을 적부터 요리에 관심이 많았다. 초등학교 5학년이었던 어느 날, 식혜를 만들고 싶어 본 대로 엿기름을 걸러 밥을 넣어 식혜를 만들었다. 그러나 실패로 끝났다. 7시간 정도 삭혀야 하는데 그냥 끓였다는 어머니 말씀이셨다. 그래도 기특하다고 칭찬을 받았던 기억이 난다.

이렇게 음식 만들기를 좋아한 나는 드디어 여고 1학년 때, 전라북도 요리 경진대회에서 일등을 한 적이 있었다. 시상식 때 등위와 부상을 발표한 순간, '와~' 했던 전교생이 울린 탄성은 몇십 년이 지났지만 지금도 생생하다.

인간문화재 황혜성 선생님이 운영하는 궁중음식연구원에서 가정 선생님 친척 집에 하숙하며 요리를 배웠던 적이 있다. 그때, 전국 요리경진 대회에 우승하기 위해 학교의 전폭적인 지지를 받았다. 궁중음식 한식 조리 과정을 공부한 것은 참으로 소중한 경험이었다. 아깝게도 간발의 차로 등외였다. 그래서 교대教大로 진로를 바꿨다. 지금은 같이 공부했던 동료들이 요리의 대가로 왕성한 활동을 하고 있어 TV 볼 때마다 아쉬운 꿈이 되어 버렸다.

진로를 바꾼 뒤, 요리에 대한 꿈을 접지 못해 자료를 파일로 만들어 정리하고 있다. 그런 나의 요리 실습 활동은 언제나 현재 진행형이다. 셋째 딸을 출가시킨 그해 겨울, 30여 년 동안 미루어 왔던 한식 조리사 자격을 땄을 때는 늦었지만 가슴이 뿌듯했다.

학원에서 공부한 궁중 음식보다 이곳 시골에서는 삼시 세끼의 평범한 밥상을 차려야 한다. 유감스럽게도 열심히 배웠던 신선로와 구절판, 두텁떡이라는 음식을 지금껏 한 번도 해본 적이 없다. 그 현실이 때로는 영 아쉽고 안타까웠다. 이제는 남편과 먹는 세끼를 위해 음식을 조리한다. 다행히 시골밥상으로 조촐하게 차려지는 끼니, '매일 먹는 음식이 바로 보약'이라는 평범한 원리를 고민하며 제철에 나는 식재료로 발효 숙성된 우리 어머니 밥상을 고집하고 있다.

어린 시절, 손 크고 음식 솜씨 좋은 친정어머니는 늙은 호박을 달챙이로 박박 긁어 강낭콩 넣고 밀가루로 옹심이 만들어 가마솥 그득하게 죽을 끓였다.

"숙자야, 빨랑 팽나무 집 경순이 엄마랑, 윤자 엄마랑 오시라고 혀. 호박죽 끓였응께, 싸게 댕겨와라 잉."

어머니의 목소리가 귀에 쟁쟁하다. 더운 여름날에 연신 흘러내리는 땀을 닦으면서 확독에 빨간 생고추를 들들 갈아 푹삭힌 황숭어리 젓국 넣어 살짝 데친 고구마순 김치를 담그셨다. 발갛게 고춧물로 범벅되어버린 손으로 내 입에 먼저 넣어 주셨다. 나는 그게 너무 매워서 방방 뛰면서도 맛있게 먹었던 알싸한 그 맛을 그리워한다.

어머니는 우리 집 살림살이가 그리 풍족하지 않았어도 사람을 불러 모아 계절 따라 만든 음식을 나눠 먹는 걸 좋아하셨다. 서리 내릴 무렵이면 된장 풀고 약찬 풋고추 넣은 알큰한 호박잎 국을 한 솥 끓였다.

'하하~, 허허~'

시끌벅적하게 한바탕 어우러지는 동네 분들의 그 웃음소리를 잊지 못한다.

'엄마는 우리도 배불리 못 먹는데 왜 동네 분들을 오라고 하지?'

이렇게 불퉁거렸던 내가 점점 어머니를 닮아가고 있다. 화려한 궁중 음식 수라상과 종가의 대물림하는 음식은 아닐지라도 풍성하게 나누고 싶다. 우리의 몸과 맘을 살찌워 온, 소중한 우리네 어머니들이 남겨놓은 식담食談에 관한 것을 많이 알고 싶다.

어깨너머로 배운 친정어머니의 소박하면서도 푸진 그 밥상을 차리고 싶은 마음은 아닌지….

오늘도 모퉁이 조각난 밭에 배추와 무, 쪽파를 심었다. 두어 달 지나면 폭이 찬 노란 배추를, 단단한 몸매와 맵싸한 무를 떠올려 본다. 내년 봄이면 밭에 남겨둔 파는 겨우내 얼어붙은 땅속에서 파란 잎을 틔울 것이다. 봄비 맞아 더 야들야들하게 자랄 모습을 떠올리며 모종을 심고 씨를 뿌린다.

나의 음식 이야기는 아직도 진행 중이니까.

나 또한 익어 간다

연초록빛 잔디밭에 있는 꽃들은 어느 꽃이나 아름답다. 요즘 한창인 원추리 진노랑도 더없이 예쁘다. 장마철이라 물기 잔뜩 머금고 쑥쑥 커 가는 산천초목들이 분주하다. 칠월이 여름 소리로 가득하다.

마침 양손에 음식을 들고 오신 아짐, 반갑게 맞이하며 뚜껑을 열었다. 고구마순 된장무침과 가지와 양파를 넣어 물볶음한 나물이었다. 가끔 맛보는 아짐의 음식은 참 담백하다. 조미료와 양념을 많이 넣지 않고 슴슴하게 간을 한다.

그분에게 향토색 짙은 요리법을 몇 개나 배웠다. 또 옆집 부산댁은 젓갈을 맛깔나게 담근다. 혼자 사시는 그분께 음식을 드릴 때 건네주신 곰삭은 젓갈은 묵을수록 개미가 있다.

오늘은 점심에 칼국수를 드렸더니 젓갈 대신 서리태콩을 한 양재기나 빈 그릇에 얹으셨다.

요즘 장아찌 철이라 조금씩 담가봤다. 쪽파 머리가 씨알 굵게 도드라져 한나절 물에 불려 만들고서야 허리를 폈다. 아침이 가져온 나물을 넣고 지인이 주신 수수 고추장에 비벼서 점심을 먹었다.

"아마 초등학교 3학년 때였을 거야. 시골 갔는데 외숙모가 고구마순을 무치셨어. 부뚜막에 앉아 먹어 본 그 맛을 못 잊겠어."

꼭 이맘때 그것을 먹을 적마다 생각나 남편에게 말했다. 텃밭에 심은 노각, 청양고추, 양파, 깻잎으로 만든 여러 종류의 장아찌가 있다. 뒤 곳간에 양념을 가지러 갈 때마다 열병을 기다리는 차려 자세의 그 장아찌들이 피붙이처럼 정겹다.

'씨익~' 입가에 미소를 짓곤 한다. 아니 나만이 즐기는 우쭐거림이다.

삼복더위에 담숙한 장류들이 풍기는 구수한 내음은 한층 내 후각을 행복하게 한다.

다듬고, 씻고, 삶고, 무치는 과정을 겪으며 손끝으로 피워내는 감흥은 협주곡을 지휘하는 지휘자만큼 신명 난다.

기다림이 빚어낸 효소의 조화는 참 경이롭다. 유월 중순 무렵, 설탕에 버무렸던 잘 익은 복분자가 발효되어 뽀글뽀글 작은 소리로 웅얼댄다. 오랜 시일 동안 숙성된 항아리 속 복분자주는 나름 인정받고 있다.

손끝으로 꼭꼭 주물러 치댄 어깨 힘이 잔뜩 들어갔던 된장은 여름이면 익어가는 내음으로 뒤란을 온통 들썩이게 한다. 발그스름하게 발효된 찹쌀로 죽을 쒔다. 거기에 엿기름물을 부어 삭힌 다음 그 물을 반이나 졸여야 한다. 시어머니표 고추장은 온종일 마음까지 졸인다. 보리가 노릇노릇 익어갈 무렵 고흥에서 온 젓갈은 우리 집 모퉁이에서 몇 해를 동거한다.

김장을 마치고 난 동지 무렵이면 용소 박아 뜬 멸치젓의 숙성된 맛은 우리 집 김치맛을 좌우한다. 이른 새벽 서산에서 온 생새우를 염장한 것은 삼복더위를 삭혀 온 맛 아닌가. 이 과정들은 몇 번이나 긴장하며 정성을 다해, 불 조절하고 과하지 않게 조합해야 한다. 허투루 방심하다가 낭패할까 두려워 들여다 보고 또, 살펴봐야 한다.

또한, 각자의 특성을 최대한으로 이끌어야 한다. 마치 하나의 악기가 소리를 제대로 냈을 때의 연주처럼.

그리고 뜸을 들이며 기다리는 동안 잠시 숨을 고른다. 첫 번째 맛본, 만족한 결과를 확인할 때 그 기쁨은 배가 된다. 전혀 다른 맛으로 바뀐 발효와 숙성의 조화로운 이 맛! 거기에는 만든 이의 무조건적인 사랑이 또 다른 효소가 아닐까.

밥상에는 각기 모양새가 다른 그릇으로 담아낸 음식이 비로소 자태를 드러낸다. 이 과정도 나에겐 또 하나의 소확행小確幸이다. 내가 성장하고 익어가는 것처럼 이 음식도 생활을 사랑하는 과정이다. 재료를 다듬고, 섞고, 불의 온도를 맞추고 익어가는 동안 나 또한 익어가기 때문이다.

저 흰 눈이 떡가루였으면

‘지금 엄청 눈이 많이 오고 있어요. 고창 설경이 그려집니다.’

아침에 카톡을 여니 후배 일영이의 글이 올라와 있었다. 밤새도록 눈이 내렸는데도 아침에는 눈보라까지 쳤다. 답글을 썼다.

‘내가 시집오던 해, 시어머니 생신이 동짓달 열여드레라 돌절구에 떡 했던 기억이 있다네. 폭설로 읍내로 가질 못해 나어린 새댁이 솔가지 지펴 공양한 추억이 새록새록 나네. 눈오는 날 그대들도 추억을 뒤적여 봄이 어떨런지…’.

‘고된 추억도 한 편의 시로 승화된 흰 눈의 저력을 새깁니다.’

곧바로 뜨는 점이의 댓글이 오늘따라 위로가 됐다.

1970년 중반 12월에 눈이 많이 내려 설창雪敞이라던 고창에 사는 남편과 결혼을 했다. 전주에서 줄곧 살았던 나는 시골 생활이 녹록지 않았지만 그대로 적응하고 있었다. 집안 행사를 달력에 쓰려고 여쭈어보니 시어머니 생신이 며칠 남지 않았다. 시댁에서 맞는 어머니 첫 생신이라 떡을 할 요량으로 쌀을 불렸다. 그런데 갑자기 내린 대설로 온통 교통이 두절되어 어쩔 수 없이 집에서 떡방아를 찧기로 했다. 집안일을 돕는 옥란이가 있어서 용기를 냈지만 힘든 과정이었다. 몇 겹으로 옷을 껴입었지만 엄동설한 추위는 당할 수가 없었다. 포개 신은 두 겹의 양말도 소용없었다. 추위는 꽁꽁 언 발을 더 힘들게 했다.

'호호~' 두 손에 입김을 불어가며 도굿대를 잡아 보지만 처음으로 잡은 그것은 마음대로 되지 않았다. 도굿대 들기도 버거워하는 나를 제치고 숙련된 옥란이가 대부분 빻았다. 그래도 체에 쳐서 곱게 가루 만드는 작업은 좀 쉬울 것 같았다. 가루를 거르는 체를 들었지만 그마저 고난도였다. 조심스럽게 체를 흔들었지만 옆으로 삐져나오는 쌀가루는 그릇 속보다 바깥에 떨어지는 게 더 많았다.

"언니, 요롯게 허능 것 인디 그걸 못 허능 가."

보다 못한 옥란이가 연신 쿠사리를 했다. 이런 시름을 아는지 모르는지 펑펑 함박눈이 내렸다. 정지방 모퉁이에서 한숨 돌리러 허리를 펼 때에도 눈은 하염없이 쏟아졌다.

'아, 저 흰 눈이 떡가루였으면….'

"아가, 뭐 이리 고생허냐, 떡쌀로 밥 허자."

동동거리며 애쓰는 나에게 던지는 어머님 말씀이셨다. 무모한 도전을 자책했지만 그 한 마디가 온몸의 냉기를 밀어냈다. 말없이 솔가지 위에 쌓인 눈을 털어 아궁이까지 가져다 주신 시아버님. 속정 깊으신 성정도 이제는 알 것 같다.

지금은 화려하고 달콤한 생일 케익이 있다. 언제든 돈만 내면 살 수 있는 고급진 케익이 있다. 하지만 그 옛날 먹던 궁댕이 동부로 시루에 찐 그 맛을 대신할 수 있을까?

식구들이 먹기 전, 어머니는 시루째 찐 떡을 조왕님께 정한수 한 사발과 같이 올리셨다. 손을 비비며 허리 굽혀 절하던 어머니의 모습도 내게는 그리움이다. 특히 생일 떡은 칼을 대지 않는다고 하시며 수저로 떼어 냈던 그 떡!

김이 모락모락 나는 그 구수한 냄새를 이제는 머릿속으로만 생각해본다.

오늘같이 눈 오는 날 생각나는 그 시절이다. 까마득한 45년 전의 추억으로 자리매김한 날이다. 켜켜이 쌓이는 눈이 그때 내가 쪄내고 싶었던 백설기 한 판이 아니었을까? 오늘따라 쌓이는 눈이 백설기 한 켜를 앉혀둔 것만 같다.

'팥고물 한 움큼 집어 설설 뿌려볼까나.'

마당으로 내려가서 만져볼 일이다. 어머니 음성이, 아버님 사랑이 손끝에서 만져질 것만 같은 아침이다.

둘이 반띵하자!

툇마루에 놓여 있는 스티로폼 상자 속에는 일주일 동안 북적대던 그 시간이 고스란히 담겨 있었다. 우리 내외의 땀방울까지도.

며칠째 붙여놨던 김장 프로젝트의 일정표도 접어 버린 후, 뜨겁게 마시는 생강차 한 잔의 여유를 만끽하며 대단원의 막을 내렸다.

수년째 해왔던 김장이지만 올해에는 작년의 절반쯤 되어서 느긋한 마음으로 우리 내외 둘이서 할 요량이었다. 일정표대로 멸치 손질. 마늘과 생강 까기. 깨 볶기. 생새우 손질하기. 건 고추 준비 등 이런저런 잡다한 손이 가는 일이 많았다. 배추를 뽑고 다듬고 절여서 김장을 다 마칠 때까지 쉴 새 없이 점검을 한다. 8년 이상 묵힌 소금으로 멸치젓과 새우젓을 담고 그 소금으로 배추를 절인다. 올해는 작년 김장 마친 후 묵힌 멸치젓을 미리 걸러 놓았기에 좀 수월했다.

해마다 김장 때가 되면 호운장은 축제의 한마당이 된다. 일 년에 한 번, 곳간에 보관했던 씨나락 담그는 커다란 고무통도 주인공이 되어 걸쭉하게 한몫을 한다. 큰일을 할 때, 살림 도구는 규모와 상관없이 다 쓰임이 있기에 거뜬히 아우르는 역할이 있다.

잦은 태풍과 제때 오지 않은 비로 배추 작황에 마음이 쓰였으나 기대 이상의 튼실한 모습에 기분이 좋았다. 배추, 무, 쪽파, 대파를 리어카에 싣고 가는 남편의 뒷모습이 오늘따라 듬직하고 더 미덥다.

칼집을 내어 뽀갠 배추를 미리 타 놓은 소금물에 담갔다. 커다란 함지박에 물을 받아 절임 배추 위에 얹었다. 절인 배추가 반으로 접어지면 적절하다는 것도 경험으로 알았다.

일정대로 양념 육수를 만들었다. 황태, 다시마, 멸치, 표고버섯, 무, 양파를 넣어 한 솥 가득 물을 잡아 절반 가까이 은근한 불로 시간을 들여 고았다. 그다음 불린 찹쌀로 죽을 쑨다.

그 채비를 마치면 바로 배추를 씻는다.

전에는 몇 개의 대광주리에 산처럼 차곡차곡 쌓았건만 시렁 위에 엎어진 먼지 뒤집어쓴 광주리를 보고 엄두가 안 나, 플라스틱 바구니에 옮겨 물을 뺐다. 지금 구석으로 밀린 것이 어디 광주리뿐 일까? 해마다 버리지 못하고 차지하고 있는 어머니 손때 묻은 물품들이 나를 한없이 작게 만들어서 송구스럽기도 했다.

다음 날은 준비한 모든 양념을 큰 통에 넣고 삽 같은 스텐 주걱으로 골고루 버무린다. 작년엔 양념이 좀 묽었다. 양념 주걱을 들었을 때 툭 툭, 떨어지는 농도가 알맞다고 김장 노트에 적었는데….

방앗간에서 곱게 쇠 절구질까지 마친 태양초, 마늘, 생강, 장날에 산 팔딱팔딱 뛴 새우, 바다 향기 머금은 청각, 배와 사과, 찹쌀죽, 액젓, 새우젓, 몇 년 발효된 매실청도 넣어 골고루 섞어 저었다. 아침부터 춥다고 엄살떨었던 남편의 이마에 어느새 송글송글 땀방울이 맺히고 있었다.

이번에 처음 사용한 고무보트 비슷한 김장 방석은 최고의 효자 상품이다. 방석 가운데에 양념을 담아 속을 발라 놓는데 아주 유용했다. 젓 달이는 냄새가 온 동네에 퍼지면 누구 집 황석어젓인지 다 아는 김장하는 날, 온 동네 아줌마들이 모여 썰고 버무리고, 담고, 재미난 얘기로 왁자지껄한 소란을 종일 피웠던 옛 기억이 떠올랐다.

고무장갑 없던 시절, 손이 시려 군불에 언 손을 녹이며 호호 불던 그때 고구마 구워 먹은 입가엔 숯검댕이와 붉은 고추 물자국이 묻었던 모습이 생각났다.

'토욜 아침에 데이트하는 기분으로 설렁설렁 재미있게 갈게요. ㅎㅎ'

전날 와도 할 일이 태산 같지만 직장 관계로 당일 오겠다는 며느리의 문자였다.

오전에 끝내고 점심은 수육으로 맛있게 먹으려고 했는데 같이 먹을 수 없게 되었다. 둘이 서두른 탓인지 며느리 오기 전에 다 마쳤다. 그래도 내려온다는 것만으로 위안를 삼자!

이런 단계별 김장 프로젝트가 있는 걸 모르고 버무리는 과정만 김장으로 알고 있는 것 같다. 하기야 초등학교 김장 체험 활동 시에 배추 절이고 양념 준비하는 과정은 생략하고 버무리기만 하니 어찌 알겠는가.

나는 뒤란에서 쌓아 놓은 김치 통을 차곡차곡 딤채에 넣고 섞박지, 싱건지, 짠지, 무 넣은 단지와 항아리를 처마 밑 바람 통로에 가지런히 정리했다.

월동 준비 끝!

앞마당에서는 김장 뒤끝 정리로 물 트는 소리가 한창이었는데 조용한 걸 보니 뒷마무리하는 남편 일도 거의 끝났나 보다. 호운장 마당에 걷어진 돗자리 사이로 잔디가 이제 겨울옷을 입고 있는 듯 누리끼리했다.

"여보, 아이들이 주는 김장 용돈, 둘이 반띵하자!"

뒤끝 정리를 끝낸 남편이 마루에 걸터앉으며 내게 던진 말이었다.

빛바랜 사진 한 장

"오매, 우리 질부 얼굴, 수박 되 부렀네!"

땡볕에서 연신 면을 삶고 계시는 선산 당숙모님이 나에게 하신 말씀이셨다.

1980년, 8월 15일은 시아버지 회갑연이 있던 날이었다.

시아버지는 추석 명절인 음력 팔월 보름이 생신이다. 결혼한 지 두 해 만에 일본으로 징용 소집이 되어 배 타기 직전, 목포항에서 1945년 8월 15일 해방을 맞았다. 생사의 고락을 넘어선 그 걸음으로 고창까지 오신 날이라 그날 이후로 생신을 양력으로 쇠셨다.

결혼 5년차, 방학 중이어서 여유롭게 회갑 준비를 했다.

남편은 더우니까 밥 대신 냉면으로 하자고 했다. 쉽게 생각하고 정읍에서 유명한 냉면집에서 육수와 면 삶는 방법을 전수 받았다. 고향인 시댁에 냉면집을 본의 아니게 개업한 그날의 기억은 후회막급한 무모한 행각이었다. 손위 시누들과 당숙모님 두 분께 전수 받은 대로 방법을 알려줬지만 손에 익숙하지 않아 막상 상차림을 할 땐 중구난방이었다.

연신 불러대는 '질부!, 동상-댁!'은 아예 어디로 숨고 싶을 만큼 사태는 난감했다. 인근에서 한꺼번에 오시는 시아버지 지인과 친척들, 하객들로 뒤범벅되어 그 팔월의 무더위는 마을에서 총동원된 선풍기로는 역부족이었다.

바삐 서두는 여러 명의 뚝뚝 떨어지는 땀방울로도 해결이 안 되었다. 그 상황에서 기다리다 못해 차라리 밥을 달라는 그분들께 면목이 없었다. 한쪽에서는 밥을 짓고 땡볕에선 여전히 면을 삶았다. 곳간에 임시로 만든 스트로폼 간이 저장고에선 얼음이 녹아내려 멧 방석이 젖어서 질척거렸다. 큰 고무 '다라이' 얼음물에 떠 있는 수박 팔자가 차라리 좋다는 생각도 들었다.

그것도 잠시, 갈팡질팡, 혼비백산으로 막 내린 회갑연!

냉면이 국수처럼 변형되어 면목 없는 그 날의 볼강스러운 기억이었지만, 그래도 새록새록 생각나는 아름다운 추억도 있다.

푸새 정갈한 모시옷을 입으신 시부모님의 흐뭇한 미소, 시아버님을 업었을 때 힘들어 목에 힘줄을 보인 시아재, 무병장수하시라고 곱게 맞춘 남색 치마와 흰색저고리를 입고 올린 큰절, 우뭇가사리를 끓이느라 뜨거운 여름날 불 곁을 지키셨던 선산 당숙모님, 시뉘들과 깔깔대며 오순도순 밤새 빚었던 모싯잎 송편, 잔칫날 빠질 수 없다던 강암 당숙모님의 맛깔난 홍어찜, 동네 분들의 보탠 손맛 속의 도타운 인정이 그립다.

지금은 고추 가는 기계가 있어 손쉽지만 확독에 가득 찬 고추를 들~들 갈아 매운 손을 찬물에 담그며 버무렸던 맵싸한 열무김치도 추억거리다.

교통편도 좋지 않아 희뿌연 흙먼지 뒤집어쓰고 오셨던 지인들이 고마웠다. 고생스러웠던 37년 전의 추억 속에서, 온 가족들의 한결같은 다정한 사랑을 보았고, 인정 많은 동네 분들의 살가운 정도 느꼈다. 곱게 단장했던 모습은커녕 벌겋게 달궈졌던 땀에 흥건히 절여진 새댁이 나였다.

좌충우돌한 회갑연이 그래도 사랑이라는 이름으로 면피免避되어 그때의 그 모습, 그 시간들이 지금은 가슴 따뜻하게 간직하고픈 빛바랜 사진 한 장이 되었다.

Part 3

울 엄니 장독대

다지금 자리에서 호운장은 들썩이고 있다.
살아 있음에 감사하고 마음 한편에 자리잡은 어머니 아버지가 품어 안은 사랑의
구들장 위에서 오늘 난 행복해서 울었다.

제비 유감有感

‘꽃 피는 봄이 오면 내 곁으로 온다고 말했지, 노래하는 제비처럼 언덕에 올라보면 지저귀는 즐거운 노래 소리…’.

제비를 떠올릴 때면 이런 노래를 흥얼거리지만, 우리 집은 지금 제비와의 전투가 시작되었다.

며칠 전 셋째 딸네가 자고 갔는데 제비들의 지저귀는 소리에 잠을 설친 딸이 투덜거렸다.

“엄마, 새소리가 이렇게 시끄러웠어요?”

삼월삼짇날 즈음에 온다던 제비가 기후 탓인지 보름이나 일찍 찾아왔다.

본격적인 둥지 짓기가 시작되었다. 작년에 있던 여섯 개의 둥지 중, 두 개만 알을 품고 다른 둥지는 거들떠보지도 않았다. 주인인 우리에게 알림도 없이 곧바로 서까래 안쪽에 집짓기공사를 시작한다.

우리가 외출하고 오면 얼추 새로운 둥지가 제법 모양새를 갖추었다.

그런 제비들에게 서까래가 있는 안쪽은 결단코 내주지 않으려고 안방 쪽에는 검정 비닐을 붙인 후, 택배용 테이프를 덕지덕지 휘장처럼 붙였다.

퍼드덕거리는 소리에 고개를 돌리니 테이프에 제비 날개가 붙어버렸다. 당황함도 잠시, 황급히 남편을 불러 그때서야 날개를 떼어 날려 보낸 후, 비로소 안도의 숨을 쉬었다. 이것도 약발이 안 먹힌다. 자고 일어나면 벌써 전선과 비닐 위에 또 한 채의 제비집이 있었다.

한 번에 끝날 기세가 아니다. 아마 이 모양새가 초가을까지는 가야 할 것 같다. 왜냐하면 제비의 부화가 두 번이라는 것을 알았기 때문이다.

"살려고 온 제비를 놔두지 웬 성화냐?"

정작, 관용을 베푸는 남편과는 달리 온통 배설물로 사방팔방 명화(?)를 그려 대는 제비들이 싫어 아예 빗자루를 마루에 놓고 쫓았다.

며칠 전, 지인이 촬영한 우리 집 동영상에서는 어미제비가 새끼제비에게 먹이를 넣어 주는 살가운 장면도 있었다. 은퇴 후 생태계를 공부하고 싶다는 그 지인은 다양하게 제비를 찍었다. 요즈음, 시골마저 제비집이 점점 없어진다는데 제비 무리를 본다는 자체가 놀랍고 신기하다고 했다. 시도 때도 없이 바지런을 떨어야 하는 제비집이기에 여간 성가신 게 아니다. 하지만 새끼가 부화하여 어미가 물어다 주는 먹이를 받아먹는 모습은 참으로 곰살갑다. 노란 주둥이를 짝짝 벌리며 순서대로 먹이를 받아먹는 모습은 참으로 앙증맞다.

한 번은 보드라운 깃털이 보송보송한 제비 한 마리가 토방에 떨어져 허둥대며 비틀거리고 있었다. 불쌍하여 둥지에 넣어줬건만 금세 어미제비가 또 밀어내어 결국은 죽었다. 나중에 들었다. 어미라도 키울 만큼만 키운다고, 그들만의 강자독식은 이토록 처절했다.

그 후, 제법 자란 새끼를 자립시키기 위해 총력을 기울인다. 그 제비의 비행 연습은 생존을 위해 벌이는 극한적인 치열한 면모를 보여 주었다. 그런 제비들이 찬바람이 불 무렵,

이별을 아쉬워하는 양, 아래채 처마 끝에 쭉 앉아 지저귀는 모습은 가관이다. 며칠째 환송 퍼레이드 하듯 그들만의 기막힌 비행 쇼를 벌였다. 온 마당을 재잘거리며 떼로 날았다. 그네들의 감각적 시위를 기억하고 있는 어느 날, 종적을 감추면 비로소 늦가을이 시작된다.

우리 집엔 제비뿐만 아니라 내 손톱보다 작은 청개구리가 불빛에 나와 뜀박질해가며 수돗가에 붙어산다. 황금 거미의 위용도 참 멋지다. 집 거미보다 황금 색깔이어서 더욱 기품이 있나 보다. 옆집 폐가에 사는 길고양이와 가끔 뜰을 산책하는 새끼 밴 알록달록한 고양이, 가을 햇살에 펼쳐진 고추잠자리들의 군무, 호미질할 때 나타나는 도마뱀은 나를 소스라치게 놀라게 하지만 그네들이 있는 한 우리 집은 청정 지역의 온상이 아닐까.

소나무에 까치가 앉아 깍깍대고, 돌확에 있는 물 한 모금 홀짝대는 귀여운 참새 떼들, 때때시 업은 방아깨비들은 우리 손자들의 현장학습장이 된다.

해마다 벌이는 제비와의 유감有感도 이제는 상생하는 즐거움으로 받아들이자.

남편이 내게 호號 하나를 선물해 주었다. 온정穩庭이란다. 나는 따뜻할 온溫으로 해석했는데 남편은 '편안한 뜨락'이라는 뜻으로 지었단다.

보듬고 껴안아서 살면 상대와 내가 편하게 된다. 상대를 지적하고 바로 잡으려 하기보다 이해하고 함께한다면 내 몸과 마음이 훨씬 편안하고 훈훈해질 것 같다.

온정穩庭의 뜻, 그대로 편안한 뜨락이 되리라.

풀은 풀잎대로, 바람은 바람대로, 제비는 제비대로 하늘이 잘 보이는 우리 집 사랑방 모퉁이에서 사스락대는 봄바람을 맞는다.

스며들다

추수가 끝난 들녘을 걷는다. 바람에 군무群舞하는 억새가 파도처럼 일렁인다. 바지런한 농부는 밭고랑 속에 봄에 필 갓씨를 숨긴다. 집 가까이 올수록 들내가 난다.

우리 집 앞에 섰다. 어제만 해도 퇴락한 고옥古屋이었는데 오늘은 전혀 낯선 모습이다. 방금 단장을 마치고 외출을 서두르셨던 옛 어머님을 뵌 것 같다. 허연 속살이 드러난 마룻바닥! 눈에 띌 때마다 늙은 어머님의 삭정이 같은 손을 보는 것 같아 고개를 돌렸는데….

생生들기름을 붓에 묻혀 마루에 칠한다. 붓길이 닿자마자 눈 깜짝할 새 스며든다.

목마른 나그네가 샘물을 발견하여 갈증을 푸는 것처럼 그렇게 마시고 있다.

스며드는 게 아니라 빨아들인다. 고된 써레질에 지친 황소에게 낙지 먹일 때랄까. 그 소가 서서히 고개를 들며 숨을 몰아쉬듯 내 손이 떨린다.

미안하다. 무심히 지나쳤던 지난 시간의 갈증을 이제야 풀어주는 죄책감, 쓰다듬고 또 쓰다듬어본다.

사죄한다. 가만히 툇마루 바닥을 내려다본다. 이곳에 온 지 십수 년이 지났는데 이렇게 마주하기는 처음이다.

매일 내딛는 이곳이 햇볕에 민낯을 드러내고 있다. 쇠락하여 빈 줄기만 있는 억새처럼 그렇게 사위여 가고 있었다.

봄에는 송홧가루 탓, 여름에는 습도 탓, 가을에는 시간 없는 탓, 겨울에는 추위 탓을 했다. 이렇게 한 해가 가고 또 갔다고 에둘러 본다.

올해는 시월을 넘기지 않겠다고 다짐했다. '고택 수리'하는 책에서 생들기름을 여섯 번 발랐더니 윤기 있는 마룻바닥이 됐다고 했다.

우리 집 툇마루에도 이걸 바르면 될성싶어 방앗간에서 서둘러 기름을 짜왔다. 붓길 닿을 때마다 들기름을 마셔대는 마루.

허겁지겁 들이키는 듯해 바쁘게 붓질을 해 본다. 오래된 육송陸松 결이 곱다. 생장 나이테가 이리 곱게 머물고 있다니. 세월을 자연스럽게 그리고 있다.

지나간 세월만큼 곰삭아 하얀 알살을 드러낸다. 군데군데 관솔이 옹골차게 박혀있다. 마치 내가 앓았던 성장통을 그려내듯.

태풍이 심한 그해 있었던 일이 생각난다. 비바람에 사랑방 툇마루가 흥건하게 사나흘 젖었을 때였다. 옹이는 모두 볼쏙하게 고개를 내밀고 있었다. 그 광경은 안간힘을 쓰는 듯 치열했다. 살기 위해 허덕이는 숨비소리 마냥.

굴곡진 삶을 이겨 내는 인간처럼 옹이는 홀로 솟았다.

폭풍우 걷히고 며칠 후, 햇볕에 마루가 보송보송해졌다. 놀랍게도 그곳에는 예전처럼 옹이가 내려가 있었다. 언제 그랬

냐는 듯.

"네가 살아났구나!"

'세월은 흐르는 것이 아니라 쌓이는 것'이라 하더니 육송도 그런 세월을 맨몸으로 드러내 보인다.

자연이 채색한 산수화인데 어쩌면 곡선이 이다지도 아름다울까, 세월의 더께가 얹어져 더더욱 중후한 멋을 발하고 있다. 곳곳에 노르스름한 둥근 모양의 좀이 군데군데 있다.

이 들내로 멈추게 할 수 없을까.

한 번, 또 한 번, 다시 한번 더!

이런 주문을 외며 수없이 붓질을 했다. 힘이 들어 면보에 기름을 묻히고 칠해 본다. 훨씬 수월하다. 그렇다고 해도 호운장 대들보, 서가래, 마루를 하루 만에 다 칠할 수는 없는 일. 닷새쯤은 걸릴 것 같다. 어깨가 아려온다. 그래도 멈출 수가 없다.

번지고, 녹아들고 밖으로부터 배어든다.

이렇게 스며드는 과정을 되풀이하면서 지나간 시간을 불러낸다.

붓 한 번에 아버님을,

또 한 번에 어머님을,

다시 한번 붓질할 때는 이 마루청에서 놀았던 두 딸을 떠올린다.

언제나 툇마루에 앉으셔서 담배에 불을 붙여 한 모금 빠셨던 아버지. 키발 딛고 마루를 닦으시던 어머니는 유난히 키가 작으셨지.

바꼼살이에 시간 가는 줄도 모르던 두 아이.

나도 깊게 스며들고 있었다. 가을 햇볕이 다 가는 줄도 모르고.

시댁살이가 시작된 지 십수 년이 지났다. 시효가 지난 이곳에서 점차 내가 우리 집 씨간장처럼 묵혀지고 있다. 오래된 서까래에 둥지를 트는 제비처럼 나도 이렇게 스며들고 있었다.

예순여섯 살의 추석

"할머니~, 할아버지~~"

"어~~이, 잘 가라~"

고창IC 초입인 서해안 고속도로 맞은편, 남편의 탯자리인 이곳 호운장, 우리 집 마루에서 논두렁 몇 개 너머로 보이는 고속도로 선상에서 비상등을 깜빡거리며 서울로 올라가는 승용차에서 지르는 소리였다. 창문을 열고 크게 소리치는 손주 녀석들, 밤이라서 까마득히 보이지만 멀리서도 알아볼 수 있는 손주가 타고 있는 차를 향해 나도 크게 소리치며 응답했다. 이렇게 이번 추석도 끝나고 있었다.

배웅하고 들어오니, 폭탄 맞은 양 널브러져 있는 집안 꼴이었지만 북적대던 집안이 왠지 텅 빈 것 같았다. 6·25 때 난리는 난리도 아니라는 우스갯소리가 있을 정도로 고즈넉한 시골집이 한바탕 소용돌이쳤건만 가족이라는 끈끈한 사랑은 모든 걸 내려놓게 한다.

마당에 피워 놓은 숯불 바베큐 그릴에서 매캐한 연기를 맡으며 연신 눈물을 흘리면서도 아직 익지도 않은 고기 조각에 눈도장 찍고, 말똥말똥 두 눈 크게 뜨고 순번을 기다리는 우리 아이들,

"옛다, 이번엔 준수 차례다!"

큰 새우 한 마리 들고 구석으로 돌아서는 제일 어린 손자의 입가에 흐뭇한 미소가 번진다.

왁자지껄, 야단법석, 시끌벅적, 소란하게 떠들어도 다행히 이웃에게 소음이 방해되지 않은 호운장 마당에 보름달의 미소가 가득 내려앉는다. 딸들은 친정에서의 오만한 느긋함을 즐기고 사위들은 서로 질세라 입담을 과시하고 술 또한 장인을 능가하여 나름대로 세를 과시한다.

어느 정도 배가 부른 아이들은 할머니와 놀이도 하고 숨바꼭질도 하며 한바탕 곳곳을 들춘다. 보름달에게 소원도 빌고 초가을 풀벌레 소리를 들으며 늦도록 자지 않고 붉대며 온몸

으로 달맞이를 했다.

다음날, 마지막 순서인 행주를 말갛게 삶아 뒤란에 널고서야 마시는 커피는 금방 갓 볶은 원두 향이 그대로 살아있어, 이 또한 즐거움은 셋째 사위가 내게 주는 최상의 서비스다.

결혼한 지 강산이 네 번이나 지났건만, 추석을 쇠는 동안 친정에서 맞은 추석은 아예 없었다. 아니 단 한 번, 그것도 친정아버지께서 돌아가셔서 공교롭게도 추석날이 발인이라 잊을 수 없는 추석을 친정에서 보낸 셈이다.

언감생심 나에겐 추석날의 친정 나들이는 존재하지 않았다. 종손이라 성묘는 물론 집안 어르신들의 내방으로 접대하느라 더 바쁘고 고달픈 시간이었다.

친정 부모님도 딸이 친정 오는 일은 접었겠지만 지금 살아계셨다면 가서 이런저런 푸념도 하고 엄마가 해주신 맛있는 저녁 한 끼라도 먹고 싶다. 이제라도 다녀오고 싶지만 미리 산소에 다녀오는 걸로 대신한다.

돌이켜보니 참 미련하게 살아왔다는 생각조차 든다. 요즈음, 아이들은 물론 내 또래 주부들이라도 가족 여행을 가거나 객지에서 차례상을 내는 경우도 허다하던데 왜 그런 일탈을 생각조차 못 했을까?

내 딸들이 친정에 와서 편안하게 느긋함을 즐기듯이 나 또한 이 맛을 왜 잊고 살았을까? 시대가 변하고, 또 세월이 흘렀다고 43년 종부 살이 한 내 심성이 저 밑바닥에서 반란을 일으키고 있다.

다른 이의 시선, 인간관계로 나를 속박시키고 싶지 않다. 지금까지는 나를 희생시키고 남을 향한 사랑이었다면 이제라도 종부의 멍에를 지는 대신 남의 시선을 보지 않고 진솔한 행복 바라기를 하고 싶다.

예순여섯 살 추석날 저녁, 내 각오였다.

낮에도 가끔씩 들리는 찌르레기의 청량한 울음소리가 내게 응원하는 듯 더 큰 소리로 울어 댄다.

뜨락에 한 떼의 빨간 고추잠자리가 유영遊泳을 즐기고 있는 것처럼, 나도 남은 날들은 이리 즐기리라. 아니 꿈속에서 만이라도.

보물 창고

장마철이라 그런지 후덥지근한 한낮에 대청 뒷문으로 삽상한 바람이 들어온다. 해마다 뒤란에 피는 꽃이건만 오늘따라 백합꽃의 향기가 그윽하다. 엊그제만 해도 서양 나리의 자태가 눈을 호사하게 했다. 백합꽃 지면 참나리꽃이 그 요염한 자태를 드러내리라.

두 마리의 참새가 담장 끝에 앉아 지저귄다. 엊저녁에 밤새 거미줄을 엮더니만 잿빛 거미는 햇살 속에 몸을 숨긴다. 정교한 그네들의 행동은 한 치의 오차도 없이 세밀하다. 투명한 그물망에 바람마저 그냥 건너가 버린다.

제삿날 저녁, 떡메로 치는 찰밥 덩이가 철퍼덕거리고, 수런거리며 재밌게 나누는 정담도 익어간다. 뒷마무리하는 바쁜

울 엄니의 종종대는 발걸음 소리, 여덟 조각 엮어맨 수통아리 사이로 숨바꼭질하는 딸애 갈래머리도 삐죽이 보인다.

사랑방 뒤, 외양간에선 순한 눈망울 굴리며 황소가 여물을 되새김질 하는 모습도 아른거린다. 방망이처럼 뻣뻣한 쑥인절미가 소죽 끓인 불씨에 야들야들하다. 바라보는 황소는 마른 군침을 삼킨다. 파노라마처럼 뒤란의 지난 세월이 내 안에 다가왔다.

모진 세월에 시멘트 사이로 내린 흙이 많이 올라와 대공사를 했다. 그 장독대에는 크고 작은 항아리들이 서열을 정하고 있다.

"바로 이 맛이야!"

댓돌을 딛고 몇 발자국 건너 따온 청양고추를 된장에 찍어 한 입 깨물고 흡흡한 미소 짓는 남편이다.

청양고추 바로 밑에서 빨간 채송화가 활짝 웃으며 오수를 달랜다.

작년 이맘때, 들일을 마친 남편에게 등목을 해줬다. 맥없이 박박 문지르고 등짝을 찰싹 때려보기도 했던 추억 속의 수돗가, 아빠 등에 덩달아 바가지로 물을 끼얹어 바지까지 젖게

했던 우리 아이들도 떠났다. 까르르 웃던 큰애의 이빨 빠진 모습도 새록새록 떠오른다. 종갓집 지키며 고졸하게 사신 부모님이 안 계신 이곳에 그 나이 적, 우리 내외가 들어와 산다.

뒤란에 들어서면 동그마니 처진 거미줄에 맹한 잠자리 한 마리, 버팅거릴수록 점액의 늪에 빠져 버린다. 물 찬 제비라더니 어느새 새끼에게 먹이 한 입 넣어주고 날쌔게 나는 제비도 있다.

하루에도 몇 번씩 담장을 넘나드는 길고양이 텃세에 나는 연신 헛기침 해대는 파수꾼이 된다. 쫓는 눈길이 머무는 담 너머로 바람이 들어와 마냥 꽃대를 흔든다. 뜀박질하듯 종종대는 참새들은 그 항아리 위에서 자기들의 축제인 양, 앙증맞게 조잘댄다. 된장 익어가는 쿰쿰한 내음이 있고, 젓갈 항아리 덮은 흰 무명베 한 쪼가리가 속살을 드러낸다.

햇살과 비, 바람, 침묵이 이곳에서 한동안 숨이 멎는다.

그 고요가 주는 편안함 속에는 가슴 뛰는 생생거림.

뒤란은 지난 과거가 스멀거리고, 맞닥트린 오늘이 있어 앞날을 꿈꾸게 하는 상념의 온상이 된다. 나를 편안하게 다독여주는 어머니의 손길 같다.

금 간 오지그릇에 얽어맨 철사마저 곰삭아 버릴 오늘, 철따라 피고 지는 꽃처럼 조용히 삶을 피우고 있다.

뒤란은 나 자신과 삶을 들여다보는 작은 창이다.

아니 나만의 보물 창고다!

그래서 '뒤란'은 내가 가장 좋아하는 단어가 아닐까.

기울어지지 않은 집

살랑대는 바람이 오수를 즐기고 있는 소나무를 깨운다. 삐죽이 자라난 잔디는 우리 남편 바지런한 손을 부른다. 폭염에도 아랑곳하지 않은 채송화의 고운 자태는 한층 더 예쁘다.

처마 끝에 나붓이 자리잡은 둥지 속의 새끼들은 어미 제비의 빠른 나래짓에 점점 커 가고 있다. 밤새 지어 놓은 거미줄이 텃밭으로 가는 나를 포획한다. 그네들의 주거지가 다 망가졌다.

꽃, 나무, 온갖 곤충들이 우리보다 먼저 터를 잡았다. 자연 속에 어우러진 곤충들이 거주하는 곳. 원주인이 들어왔지만 먼저 터 잡은 그네들이 우리를 밀어내고 있다. 자유롭고 조화롭게 살고자 함도 이 또한 지혜가 아니겠는가.

어느 건축가는 '진정한 집의 가치는 사계절이 기온과 어우러지고 안이한 편리함으로 기울어지지 않은 집'이라고 했다. 햇볕과 바람이 한가득 들어와도 눈비가 몰아쳐도 오롯이 경험하는 곳이 진정한 살림집이라 했다. 생각은 그렇게 정리가 되지만 아무래도 아파트의 편리함에 익숙한 나는 이곳이 불편하고 정이 가지 않은 때도 있다.

남편의 객지 생활로 인해 방치됐던 70여 년이 다 된, 폐가 수준인 이 한옥.

새롭게 양옥을 짓자고 했지만 집 지은 내력을 아신 분들이 육송으로 지은 이 한옥을 보존하자고 해 조금만 보수하였다. 그러기에 우리 집이 그리 편리한 것은 아니다.

이사 온 후, 인사차 들른 지인들은 보기는 좋아도 살기는 어렵고 힘들 거라고 충고와 조언을 해주셨다. 그래도 우리는 흰색 페인트 대신 회를 바르고 소나무 등걸같은 툇마루와 검게 그을린 서까래를 글라인더로 밀었다. 육송의 결을 살리고 사랑방 천장을 뜯어내 고운 서까래의 고희古稀 다 된 속살을 드러나게 했다.

고향 살이 십 년째인 지금은 어설펐던 집안 곳곳이 옛 주인

장 닮아 살림 솜씨 뽐내고 있다. '십 년이면 강산도 변한다'는데 그 세월의 더께가 빚어낸 훈장이 아닐까.

남편과 나는 오래된 가구와 살림을 그대로 쌓아두니 '고창 민속박물관' 같다고 얘기한다. 압다지와 색 바랜 지함, 대추나무이층장, 어머니의 길쌈지기 유물, 시아버님이 쓰셨던 지필묵과 작은 연장까지도…. 또한, 해마다 시제 모시고 가져왔던 석작, 큰 대나무 광주리도 선반에 고스란히 있다. 뒤란 항아리 속 복자 사발과 종지, 한 말들이 시루까지. 이런 것들을 처분하는 것이 부모님의 유산을 버리는 것 같아 주저하며 지금껏 보관하고 있다.

그래서 우리 집에는 1960년 이후에 있는 구태의연한 시골살이가 총망라되어 있다. 동선動線이 많아 불편하고 고된 생활을 사는 나에게 우리 아이들은 나이 들수록 병원 가까운 도시 생활을 권한다. 나는 근사하게 지은 멋진 정원이 있는 양옥보다 집안 내력이 있고 추억이 공감하는 곳이 좋다. 더불어 살아가는 자연적인 생태 공간이 있고 사람 냄새 나는 멋과 맛이 있는 집이 이곳이 아닐까.

처마는 둥지를 여섯 채나 지은 제비에게 내주고, 들쑥날쑥 자란 잔디가 품은 그곳엔 같이 살아가는 곤충들에게 맡긴다. 고조할머니 적부터 내려온 연자방아 돌려 곡물 갈았던 돌확, 지금은 물옥잠이 피어 참새들의 쉼터가 되어 있는 우리 집, 폭풍 한설 몰아치던 날에는 툇마루까지 눈이 쌓인다. 창호지 사이에 난 작은 퇴창 너머로 세상을 본다. 여덟 조각의 설창雪窓을 연출하는 퇴창의 묘미도 빼놓을 수 없다.

윗대 할아버지와 시부모님이 사신 이곳은 내가 살았고, 앞으로도 살아야 할 곳이다, 외양이 화려한 양옥보다 이 묵은 삶터의 소박한 정담과 고졸한 아름다움이 듬쑥한 이곳은 부모님의 품속같이 안온하다. 우리를 품어 주고 보듬어 줄것만 같은 곳, 이곳은 위안이 되고 진정이 되는 우리 둘의 안식처며 내 아이들의 고향이다.

어머니와 아버지의 숨결이 머물렀고 남편과 나도 함께할 곳이기에….

'그럴듯한 집 한 채 짓는 대신 / 못 하나 위에서 견디는 것으로 살아온 아비'라는 싯귀가 떠오르는 우리 집.

세월이 옷을 입다

"뭘 입지?"

아래채에 있는 옷방 문을 열었다.

가지런히 정리된 옷들. 새색시 간택하듯 둘러본다.

쭉 훑어보지만 선뜻 와닿는 옷은 없다. 입지 못하는 게 아니라 선택 안 된 옷들이 내 눈치를 본다.

같이 운동하는 이가 헌옷을 수집한다고 버리는 옷을 자기한테 달라고 했다. 수집하여 보내면 간추려서 제 3국에 보낸다며 헌옷 활용을 부탁했다. 그 얘기를 듣는 순간 어렸을 때가 생각났다. 미국에서 가져온 구호물자들을 우리 집 마루에 가득 펼쳐 놓고 동네 분들이 몇 개씩 집어 갔다.

나도 꽃무늬가 있는 보드라운 웃옷을 냉큼 집었다. 다들 가난하게 살았던 그때, 헌옷조차 귀했다. 그 시절이 아련하게 떠올랐다. 나에게 쓸모를 다한 옷들이 다른 사람의 필요를 채워 준다니….

그때는 헌 교복을 사고파는 가게들이 전주 풍남문 근처에 많았다. 내가 다닌 여자중학교 교복이 주름치마인데 구입이 어려워 다른 학교를 졸업한 언니 스커트를 입고 다녔다. 그 중고가게 앞을 일 년 가까이 지나고서야 제대로 된 교복을 입을 수가 있었다. 얼마나 입고 싶었던 스커트였던가.

외출에서 돌아오자마자 옷방 정리를 했다. 버리면 아깝고 그렇다고 입지도 않는 옷을 쌓아 놓지 말자고 기준을 정했지만 잘 안 됐다. 옷에 얽힌 추억을 반추하며 속도가 더디게 손을 움직였다. 오랜 기억 속에 있는 것들이 머릿속에 머물고 간다.

제일 오래된 옷은 살림 형편이 어려운 남편 친구 부인이 털실로 짠 외투였다. 도와줄 겸 산 가격이 그때 돈, 쌀 석 짝 값이라고 했다. 일본에서 유행한 디자인이어서 새로웠던 그 옷은 무려 사십 년도 넘었다. 교무실에 있는 난롯불 쬐다 화기에 눌은 자국이 있어도 겨울을 따스하게 보냈던 생각이 났다.

동서 결혼식에 입었던 빨간 장미가 그려진 두루마기가 한쪽에 얌전히 걸려 있었다. 또, 아이들 결혼식에 입었던 한복들, 8월에 퇴임한 교장 선생님 송별사를 읽었을 때 맞춘 생모시 옷 한 벌.

남편한테 왜 지금도 결혼 예복 양복과 코트를 버리지 못하냐고 옷장 정리할 때마다 성화를 댔는데 남편이 오히려 오늘은 비장한 결심을 한 듯 아꼈던 옷을 한 보따리나 내놨다.

정작 난 오늘도 그들을 외면했다. 그러고 보면 버리는 것도 연습이 필요한가 보다. 마음만큼 행동으로 옮기지 못하고 있으니 말이다. 아깝다는 이유로 버리지 못하는 것이 아니라 그 옷에 쌓인 추억을 차마 버리지 못하는 것이 아닐까. 놔둔 옷들을 바라보면서 이런 생각이 들었다. 옷이든, 마음이든, 물건이든, 지난 것을 버리지 못하면 새것을 담기 힘들겠다는 생각이 들었다. 그런 미련 때문에 버리지 못하면 얻을 수도 없겠다는 생각, 그래서 버리는 것도 연습이 필요한 것 같다.

결국 우리에게 남는 것은 물건이 아니라 누군가를 마음껏 사랑하고 사랑받았던 기억이 아닐까. 누구나 인생의 소중한 사랑은 그때 입었던 옷 속에 개켜져 있는지도 모를 일이다.

며칠 전, 첫째 딸이 밍크코트를 보냈다. 필요해서 고급진 그 옷을 장만했지만 요즘 잘 입지 않아 보낸다고 했다. 내 옷방 한쪽에 떡하니 다시 채워져 있다. 지금은 이래저래 차지하고 있지만 누가 아랴? 쓸모없음으로 구석에 있지만 쓸모로 존재를 드러낼 수도 있을 것이다. 한겨울 추위에 나를 기품있게 변모 시킬지….

아직도 내 손을 떠나지 못한 옷 중에 보잘것없음의 가치를 드러낼 수도, 버려질 옷들과 멀어진 관계를 재정립할 수도 있을 터, 바라보는 눈길이 달라질 수도 있으리라.

이렇게 고민하면서 나 또한 세월을 입고 있다.

녹명鹿鳴

우연한 기회에 '녹명鹿鳴'이란 말을 듣고 사슴 록(鹿), 울 명(鳴) 즉, 먹이를 발견한 사슴이 다른 배고픈 사슴들을 부르기 위해 내는 울음소리라는 것을 알았다. 세상에서 가장 아름다운 소리 아닌가. 수많은 동물 중에서 사슴만이 먹이를 발견하면 함께 먹자고 동료를 부르기 위해 운다고 한다.

세상에서 가장 아름다운 이 울음소리를 들어 본 적 있는가? 여느 짐승들은 먹이를 발견하면 혼자 먹고 남는 것을 숨기기 급급한데 사슴은 오히려 울음소리를 높여 함께 나눈다는 것이다.

문득, 시어머니가 임종하시기 전에 나에게 준 시선이 떠올랐다. 큰아들인 남편 품 안에 안겨 마지막 된숨을 몰아쉬며 손을 잡은 나를 처연하게 바라보셨다. 순간, 그 눈망울이 사슴 눈을 닮았다고 느꼈다.

'정말, 정말 죄송해요.'

'고맙다, 에미야.'

'아니에요. 잘못했어요, 용서해 주세요.'

그 짧은 순간, 어머니와 나 사이에 이런 말이 오갔다. 어찌 이제 와, 후회의 말을 한단 말인가. 나는 이렇게 속으로 되뇌며 참았던 울음을 터트렸다.

어머니와의 인연이 26년 만에 막을 내렸다. 퇴행성 관절염과 심한 골다공증으로 걷지 못하고, 지병으로 12년간을 집안에서만 운신해야 했던 그 세월이 끝나는 순간이었다.

"에미야, 욕봤다!" 평소에 하시던 그 말씀을 하듯이.

마지막, 손을 더 힘껏 잡았지만 힘없이 스르르 풀며 눈을 감으셨다.

어머니는 시아버지가 돌아가신 그 후부터 줄곧 같이 살았는데 가사 도우미를 들일 때마다 미안해하며 마땅치 않게 생각하셨다. 평생 근검절약하며 살아온 그분에게는 자기만 아프지 않았다면 도우미를 안 쓰는데 빠듯한 살림에 사람까지

쓰니 부담이 많이 되셨을 것이다. 우리는 상의하여 부담을 줄이기로 했다. 각자 역할을 다하자고 약속하고 내내 가사 도우미를 들이지 않았다. 그러다 보니 4남매 뒤치다꺼리도 만만치 않았다.

멀리서 근무하는 남편은 도움이 안 됐다. 시외로 통근하는 나는 정신없이 매일 종종대는 하루였다. 북적대며 시끌벅적한 식구들이 썰물처럼 나간 후, 아파트 베란다에 의자 놓고 바깥만 쳐다보는 것이 어머니의 일과였다. 휠체어를 밀어줄 간병인이 없으니 나갈 수가 없었다. 지금은 요양 보호사도 있지만 이렇게 감내할 수밖에 없었다. 그런 어머니를 위해 수녀님께 도움을 청했다.

일주일마다 갖는 레지오 모임을 우리 집에서 했다. 적적해하는 노인분들이 늘 오셔서 우리 집은 '롯데 아파트 사랑방'이 됐다. 거실은 그때부터 언제나 수업 공개하는 교실처럼 정리 정돈이 필수였다.

설거지도, 화장실 청소도, 냉장고 정리는 물론 모델 하우스처럼 되어야겠기에 주중에는 늘 긴장해야 했다.

"모가 벌써 요만치나 컸다~ 잉."

어머니는 휠체어를 밀고 외곽으로 나갈 때마다 소풍 나온 아이처럼 기뻐하셨다.

집수리를 할 때였다. 동서네 집에 잠시 머물렀는데 어머니가 안 계시니 너무 좋았다. 일거리는 물론 마음의 짐도 하나도 없어 그때, 내 마음은 '아침 바다 갈매기'였다. '바다'라는 노래에 '아침 바다 갈매기는 금빛을 싣고, 희망에 찬 아침 바다 노 저어 가요~~' 속의 그 희망찬 갈매기!

시간의 흐름은 야릇한가 보다. 그곳에 계시는 동안, 어머니와 함께할 때는 몰랐는데 안 계시니까 시간이 참 빨리 지나갔다. 문안 전화하면 눈치 없이 보채셨다.

"나 은제 델러 오냐?" 부화가 났다.

'나만 며느리인가, 동서는 직장도 안 다니고 남매만 키우는 거기서 좀 계시면 어때서?' 심술이 보태졌다.

그러나, 그 말씀을 들으면 왠지 마음이 편치 않았다. 차라리 왁자지껄한 우리 집에 오고 싶어 하시는 그분이 안쓰러웠다. 연구 학교라 늦게 퇴근하고 녹초가 되어 들어오는 날은 아예 밥은커녕 저녁은 거르고 싶었지만 하루종일 나만 기다렸을 어머니 때문에 할 수 없이 밥을 차려야 할 때도 원망이

앞섰다.

지치고 힘들고 짜증이 나는 그즈음, 바깥에서 우리 집에 오시는 분들을 뵈면 한결같이 나를 칭찬했다. 마리아 할머니가 며느리 칭찬을 많이 하신다고 했다. 그 말을 들을 때마다 부끄러웠다. 수시로 심술도 내고 이 힘든 고부살이가 싫은데 어머니는 에둘러 나를 칭찬하는 건 아닌지….

고해 성사를 하는 날이었다. 신부님이 '눈에 보이지 않은 성모님도 섬기는데 눈에 보이는 어머님을 푸념하면 안 된다'고 하셨다. 정신이 번쩍 들었다. 우여곡절 끝에 마음이 점차 정화되어 가고 있었다. 말 한 마디, 눈 빛, 물 한 그릇이라도 상처가 안 되도록 어머니를 대하자고 생각했다.

그런데 이런 시련을 거친 나를 어머니는 기다려 주지 않고 황망히 떠나셨기에 회한이 밀려왔다.

요즈음, 출가시킨 우리 아이들이 생각났다. 그 전화 한 통이면 이런 맘 안 드는데 덩그러니 둥지를 지키는 우리 내외를 못내 서운하게 만든다.

'그까짓 전화 한 통이 뭣이 힘들어? '

'지들만 잘 살면 되는 겨.'

한편, 이렇게 마음을 다잡아 보지만 못내 서운한 건 서운한 것이다.

그때, 우리 어머니는 사람을 불러 모으고 나를 사랑으로 가르쳤던 건 아니었을까. 더 향기 나는 사람이 되라고, 더 실속 있는 경험으로, 더 큰 깨달음일 수도 있는 울림을 나에게 주셨나 보다.

마지막 녹명처럼 우리를 안아 주며 떠나셨음을 이제야 알았다. 아니 그 눈빛을 닮았다. 맑디맑은 사랑의 눈빛으로 우리를 보았고 내 손을 잡았던 것이다.

인터넷에 나와 있는 사슴 울음소리를 들었다.

"우아-왕, 우-앙 ~ ~!"

사랑이 듬뿍 담긴 내지르듯 내는 울음이 어머니 가슴을 닮았다.

녹명, 그건 분명 사랑이다!

호운장의 봄

앞을 보면 고속도로가 만들어준 자연스레 꽤 큰 둥그런 담장이 있다.

담 대신 경계에 심어진 회양목 울타리 곁 오산댁 담벼락 밑엔 일찍 꽃 피운 영산홍이 4월의 꽃 축제를 마쳤고, 북쪽 옆집 콘크리트 벽 돌담엔 보랏빛 매발톱과 오월을 앞질러 온 모란이 사위어져 있다

셋째 딸 졸업 걸작품들이 서로를 안아 사랑으로 꽃피운 올망졸망한 사연 있는 조각품, 그 옛날 우리네 여인들의 정한이 깃든 질박한 확독과 어우러진 꽃다지들의 떼창 같은 향연.

제일 늦게 움튼 사랑방 앞문 앞에 있는 대추나무의 고운 연둣빛 새순.

오늘따라 이름 모를, 처음 본 예쁜 새 한 마리가 찾아와 지저귄다. 우리 집 강아지 쎈은 낮잠을 즐기고 있는데 어쩌나, 이리저리 잔디에 앉아 지저귀며 먹이를 찾아 허둥대는 손님새, 잠에서 깬 쎈은 반가워 컹컹 짖었건만 그 바람에 예쁜 새가 놀라 하늘 높이 날아버린다

며칠째 우리 이모 손톱 다 닳게 잡초 맸던 그 정성이 더 정갈스럽다. 뒤란 장독대엔 이모가 빡빡 닦은 반지르르한 항아리들이 줄 맞춰 세월을 담고 빛바랜 족자지만 '호운장' 서체가 단아하다. 시아버님의 기개가 담긴 필묵이 참 정겹다.

송홧가루가 흔적을 남기며 사방으로 흩어져 봄 잔치의 흐드러진 여흥을 북돋운다.

어느새 작약의 꽃망울이 하나둘 향기를 뿜어 낸다.

며칠만 있으면 모두 그 요염한 자태를 뽐내려나 보다.

이렇게 호운장은 시시각각 자연의 향연으로 찬란한 봄이 농익어 간다

사랑이어라,

사랑이어라!

아름다움으로 절절한 그리움을 다소곳이 품고 안으며

나불대고 사위고 다시 봉긋 대고….

다지금 자리에서 호운장은 들썩이고 있다.

살아 있음에 감사하고 마음 한편에 자리잡은 어머니 아버지가 품어 안은 사랑의 구들장 위에서 오늘 난 행복해서 울었다.

「호운서실」을 마주하며

추석 차례 준비를 일찍 마치고 아들 내외와 함께 군립 미술관에서 열리는 전시회에 갔다. 2019년 미술관 정문 개방에 따른 특별전, 「고창 근현대 서화 거장전巨匠展」이 이곳에서 열리고 있기 때문이다.

우리 집에 소장하고 있던 보정 선생님의 몇 작품들도 이곳에 나들이를 왔다. 아들 내외와 함께 천천히 실내를 돌아보던 중, 순간 숨이 멎었다. 이내 친숙한 물체가 내 눈에 들어왔다.

'아! ~'

가슴 벅찬 기쁨이 일렁거렸다. 시아버지께서 소장했던 유품이었다.

풍죽이 그려진 「호운서실湖雲書室」.

아버님의 호號로 쓰여진 보정 김정회 선생님이 시아버지께 선물하신 낯익은 액자였다. 또, 이 전시회에서 귀한 환대를 받으며 안온하게 공간을 지키는 8면 '풍죽 병풍'은 감회가 새로웠다.

그 병풍은 보정 선생님께서 지근거리에서 공부한 아버님께 정표로 선물하신 것이라고 했다. 남편은 그것을 우리 집 '가보家寶'라고 애지중지했다. 먹을 갈고 정담을 나눴던 두 분의 웅숭깊던 그 시간이 얼마나 소중했을까.

돌아가신 아버님을 뵌 듯 다른 유품 몇 점도 반갑게 나를 맞이했다.

우리는 마침 담당 해설사인 강 선생님이 자상하게 설명해 주셔서 작품 이해에 많은 도움이 되었다.

또한, 아버님 유품 정리 중에 나온 두루마리 시 30여 편은 놀라운 발견이었다. 맨 앞쪽에 씌어 진, 아버님의 글 한 문장이 있었다.

아버님의 필체로 '호운장 집들이에 초대된 문인들의 축시'라는 글이었다. 그 축시를 일일이 풀칠하여 한곳에 모아 돌돌 감아 종이 끈으로 묶어 보존한 아버님의 성정性情은 우리에게

또 다른 교훈을 주었다.

아버님 생전에 '저는 한글 전용 세대라 안 배운 한자를 배우고 싶어요.'라고 했더니 한지를 매어 한 자 한 자 붓으로 추구抽句를 적어서 나에게 주셨다. 지금 그것을 펼칠 때마다 아버님의 깊은 사랑을 감지할 수 있어 행복하다.

아버님은 대추나무 이층장 위, 지함을 유별나게 아끼셨다. 그곳에 있는 문서를 잘 간직하라고 누누이 일렀는데 나중에 알고 보니 까닭이 있었다. 아버님은 내막을 가르쳐 주시기도 전에 뇌졸중으로 갑자기 돌아가셨다.

몇 년 전, 「고창의 마을」이라는 각 부락을 소개하는 책을 집필하셨던 분이 자료 수집 차 들른 적이 있었다.

그분에게 지함에서 꺼낸 한지에 쌓인 문서를 보여주니, 「호적단자」라고 하시며 어떻게 이것이 지금까지 보존되었는지 대단하다고 들었다.

1820년 나주에서 고창으로 입향했던 승지공 할아버지께서 가져오셨던 '호적단자戶籍單子'였다. 이것은 조선 시대, 각 호주가 3년마다 호구식戶口式에 따라 작성하여 호적색戶籍色에게 제출했던 서류라고 했다. 「고창의 마을」 7집에 사진으로 수록되었다. 아버님은 거풍시키다가 소나기에 얼룩졌다고 내내 안타까워하셨기에 더욱 감회가 깊었다.

그래도 200여 년이나 간직하고 보존했다는 사실에 아버님의 인품을 엿볼 수 있었다. 인간의 흔적이 남은 것들을 마주했을 때의 감동은 이렇게 오래간다. 이것은 시간을 이겨낸 힘의 위용이자, 시간이 주는 신비의 축복이다!

지난 여름에 있었던 일이다. 남편과 같이 남해에 여행을 갔다. 국도로 여유있게 풍광을 즐기며 가던 중, 쓰레기를 버리려 어느 마을 입구에 들어섰다. 족자와 병풍, 액자가 재활용 분류대에 담겨 있고 채광막에 덮여 있었다. 마침 마을에서 마주친 어르신에게 연유를 물으니 자초지종 말씀해 주셨다.

같은 마을에 사셨던 고인은 글을 쓰시고 서화를 즐기신 분인데 아마도 유품을 정리한 모양이라고 했다. 몇 년쯤 보관하다가 어쩔 수 없이 버려진 모습이 충격이었다. 고인에게는 평생의 업이고 즐거움이었을터, 남겨진 자의 몫이라 생각하니 나 또한 씁쓸했다.

정리되지 못한 유품은 후손에게 부담을 준다는 사실을 알았다. 옛것에 대한 학문적 이해가 어려워 극과 극으로 내몰릴 수 있음도 알았다.

'소중한 추억과 시간을 담고 있어 애착이 가지만 나이가 들수록 물건을 줄여나가야 한다. 주인이 떠나면 남은 물건은 버려진다. 물건은 사람이 존재해야 존재 가치가 있는 거다.' 내가 썼던 「신박한 정리」라는 글 중에 나온 글귀가 생각났다. 내가 존재해야 그 소중한 추억과 애환이 깃든 물품이 대접받는 게 아닌가.

우리 집은 부모님이 사셨던 낡고 불편한 한옥이다. 거기에 부모님이 물려주신 잡다한 살림 도구가 있다. 지금은 쓸모없는 구식이고 사용하기가 쉽지 않은 물품이지만 선조들의 묵은 삶터에서 소박한 정담과 세월의 더께를 찾을 수 있어 버리지 못한다. 그런 나에게 아버님의 유품은 가슴 먹먹한 추억과 덧정으로 따스하게 나를 감싸준다. 그래서일까, 나에게 우리 집은 편안한 안식처가 된다.

나는 호운서실을 마주하며 지금도 아버님의 뜻을 기리고 있다. 아버님이 잘 사신 것일까? 내가 아버님의 뜻을 잘 받드는 것일까?

지금도 숙제다.

다리가 아렸다

"다 끓었으니 떠서 드세요."

음식점 주인이 가져온 옹기 속에 오리탕이 가득. 보글보글 끓고 있는 국물 위 부추 초록색이 참 선명했다.

'후유!~'

나도 모르게 입술 사이로 한숨이 나왔다. 바로 이것이다. 그건 맛깔난 상차림, 주요리主料理에 맞는 최적 온도, 적당한 허기가 동반된 전문인의 요리다.

며칠 전에 우리 집에 모셨던 수필 반 선생님들의 초대가 떠올랐다. 나름대로 최선을 다했지만 그날을 생각하면 지금도 얼굴이 화끈거린다. 핑계는 '똘 녹두'로 마무리되었고 그건 분명 나의 실수였다. 처음부터 자만한 내 탓이리라.

"이제 손님 초대는 무리야."

남편은 차라리 외식하는 게 낫다고 말렸다. 귀향한 내게 짐을 덜어준다고 거의 손님을 청하지 않았다. '수필'이라는 공통분모를 가지고 만나는게 좋아 그분들과 봄날에 식사 한 끼를 나누고 싶은 마음이 컸다. 초대한 결과는 당혹스러움으로 남아 있지만….

그러나 우리 집은 열하루 서울 살이하고 온 나를, 조금의 쉼도 허락하지 않았다.

봄바람에 날아든 송홧가루를 벗기는 데도 여러 날, 코로나로 서울 상경을 미룬 탓인지 모처럼 들른 자식들은 속절없이 우리 내외를 붙들었다. 자식도 손님? 속잎만 남기고 뜯었던 상추는 그새 김장 배추처럼 자라 있었고, 한 뼘 넘게 자란 잡초는 또 어찌할까나?

그들만의 놀이터가 된 마당에는 오종종 넘나드는 참새가 귀엽다 못해 수선스러웠다. 뒤란의 장독대는 연노랑 너울을 쓴 새색시처럼 함초롬이 나를 바라보고 있었다.

'주인님, 저 목욕하고 싶어요. 언능 씻겨 주세요!' 하는 듯.
진흙이 마르지 않고 있었던 둥지에서는 벌써 어미 제비가 얼굴을 쏙 내밀며 눈인사를 했다.

아버지 환갑 때 익힌 경험으로 이미 익숙한 요리로 메뉴를 정하고 하루하루 일정대로 진행했다. 생각보다 굼뜨게 움직이는 나, 흐르는 세월은 예전의 나로 내버려 두질 않는다. 내 집 마련을 처음으로 했던 때가 생각났다. 집은 좁았고 상도 모자라 동료 교사들에게 사흘 동안 집들이를 하면서도 즐거움이 있어 늦게까지 설거지를 해도 기분이 좋았다.

요즘, 전에 비해 넓고 넉넉하지만 동선動線이 많아 잘 때 다리가 쏙쏙 아린다. 젊었을 때는 대소사를 전부 이렇게 치뤘지만 힘든 줄 모르고 했다. 일흔을 바라볼 즈음 남편은 용단을 내렸다. 집안 행사는 물론 가족 행사도 모두 바깥에서 해결하자고 했다. 마음만 앞서지 이곳으로 온 후 뒤란, 모퉁이, 앞 곳간으로 움직이다 보면 심신이 지쳐 간다.

그러나 수필반 선생님들과의 약속은 내가 하고 싶기에 마음은 뿌듯했다.

음식 맛은 첫째, 사랑 양념. 둘째, 정성 양념. 셋째, 편안한 분위기 양념이 아닐까?

요리는 할수록 어렵다. 몰랐을 때 보이지 않았던 것도 알수록 더 잘 보여 매번 의욕과는 한 해가 다르게 변한다. 아는 것은 많지만 순발력이 떨어져 놓쳐버리는 경우가 많다. 요즘 더 잘하고 싶어 유튜브도 보면서 이것저것 해봐도 생각대로 안 된다. 튼실한 녹두는 농협에서 구하는 게 나은데 시장 간 김에 그곳에서 산 녹두에 똘 녹두가 섞여 있었다니.

그래도 두 번째 육수를 골 때 넣었으면 실수를 안 했을 터, 닭죽 속에 넣은 덜 익은 똘 녹두는 먹는 내내 입안에서 굴러다녔다. '똘 녹두 사건'은 두고두고 생각날 것 같다. 음식점에서 모셨으면 편했을 건데 주변 환경까지 신경 써야 하니 무리였을 거다.

'소찬이지만 저의 집에 오시면 제비 둥지를 덤으로 볼 수 있다'고 했다. 세 채나 지은 제비들은 정작 내방객이 떠난 후에야 들락거렸다.

'손님에 대한 배려였을까?'

담소를 나누시는 모습이 좋았다. 내 손으로 지은 밥상이 조금이나마 위안이 될 수 있기를 바랐다.

"지지 배 ~배, 지지~ 배배~"

뜻대로 되지 않았던 대접을 아는 양, 나를 위로하는 그네들의 춤사위에 빙그레 나의 웃음을 얹었다. 며칠 동안 다리가 아렸던 그 시간을 이제는 그만둘 나이가 되었나 보다. 똘 녹두가 입안에서 굴러다니던 그날, 나는 다리가 아렸다.

부끄러운 내 마음에 대한 내 몸의 격한 반응!!!

울 엄니 장독대

한낮의 기온이 높아갈수록 뒤란 장독대에서는 된장 익어 가는 냄새가 쿰쿰하게 난다. 한 소쿠리도 안 되는 고추를 따 햇볕에 달궈진 항아리 뚜껑에 얹었다. 이틀도 안 돼 매콤하면서도 달짝지근한 냄새가 코끝을 자극하면서 따그락거리며 말라간다.

종가라 기제사와 농사가 많아 종부인 시어머니는 평생 손을 쉴 새 없이 움직여야만 했다. 보리타작할 무렵이면 어머니는 늘 등피리젓갈을 담그셨다. 1년간 쓸 젓갈이었다. 수퉁아리에 묵힌 소금을 한 바가지씩 켜켜로 넣고 파란 잎이 시들기 전에 솎은 양파를 소금에 절여 동이에 넣으셨다.

제삿날엔 한 말들이 큰 시루에 불린 찹쌀을 쪄서 인절미를 만드셨다.

"손부, 이것 먹으면 아들 낳는다네~"

딸만 내리 셋 낳은 나에게 종조할머님은 암반 귀퉁이 쪽 떡을 콩고물에 무쳐 내 입에 넣어주셨다. 그 종조할머님 덕분인지 네 번째 드디어 만루 홈런을 쳤다.

어머니 돌아가신 지 20년, 남편 퇴임 후, 고향으로 귀향을 했다. 그때서야 어머니의 장독대를 건사했다. 일꾼들이 지게질로 날라온 자갈을 도톰하게 붓고 만든 장독대도 나이를 먹었는지 귀퉁이부터 부실부실 삭아갔다.

'이 기회에 못 쓰는 항아리 전부 정리하자'고 남편은 말했다. 장독대만큼은 더 보수하여 뒤란에 두고 싶었다. 미장을 마친 장독대는 울 엄니가 모시 적삼 곱게 차려입은 그 매무새였다.

물론 금이 간 항아리는 소금 항아리로 재활용하고 또, 빛 좋은 날에 말린 남새를 넣어 보관하기도 한다. 여덟 조각으로 얽어 철사로 동여맨 수통아리에는 우리 엄니가 고봉으로 밥 담았던 복자 사발과 대접들이 세월을 담고 있다. 주둥이가 이 빠져 보기 흉한 작은 항아리, 금 간 항아리와 단지들이 저마다 제 할 일을 다 하고 있다. 나도 이제는 이것저것 개미진 음식솜씨 배우려고 돌아가신 어머니 솜씨 떠올리며 기웃대지만 솜씨 좋아 인근에 명성이 자자했던 왕림댁 고추장 맛은 아직

멀었다.

대충 눈대중으로 만드셨던 들큰하면서도 매콤한 윤기 나는 왕림댁 고추장은 나를 한없이 작아지게 하였다. 소문난 장인들의 레시피로 담갔지만 그 맛은 어림도 없었다. 그래서 어머니가 한 예전 방식대로 했더니 얼추 왕림댁 닮아간다고 남편은 추임새를 넣는다.

햇빛, 바람, 물이 빚어내는 3중주의 하모니 속에 우리 집 장독대에는 사계절의 연주회가 해마다 열린다. 송홧가루 날리는 음력 사월에는 항아리 뚜껑이 연노랑으로 물들고, 비 오는 여름날에는 저마다 자기 요량 것 물을 담아 이고 있다.

늦가을에는 단풍잎이 장독대와 한 폭의 정물화를 만들고, 함박눈이 소복하게 내리는 겨울에는 솜씨 좋은 조각가의 걸작이 되고 올망졸망 작은 단지들은 제각각 앙증맞은 모습을 드러낸다. 겨울 한철 폭설이 내리는 날에는 온통 장독대가 한마음 한뜻으로 웅장한 연주회를 마칠 때가 된다.

시골 생활 초년병이었던 새댁시절, 대소사 치러낼 때 몹시 버거워했던 지난날의 추억들이 생각난다. 지금은 까르르대며 장독대 뒤에 숨어 숨바꼭질했던 우리 아이들을 떠올리며 울엄니의 곡진한 사랑을 알아 가고 있는 중이다.

지금은 질박하고 불편한 옛것들이 사라져가는 현실이어서 더 안타깝다. 그래서 앞으로 이런 장독대에서 맛보았던 순수한 먹거리는 맛을 점점 잃어버리기도 하겠거니와 그 정서조차도 아쉽게 될 것이다. 쉽고 편리한 것만 좇는 요즘, 나만이라도 이런 정서를 간직하고 싶다. 한 세월 견뎌낸 인고와 내공이 어우러진 식생활이 바로 어머니의 옹글옹글한 마음이 아닐까, 말리고 익히고 절이고 삭혀낸 끼니의 맛깔난 솜씨를 가진 그 손맛을 장독대와 더불어 닮아가고 싶다.

Part 4

아주 특별한 축사

사제의 정이 메말라 간다고 안타까워하지 말고 내가 먼저 손 내밀고 작은 정성을 다하여 산다면 그게 바로 세상을 변화시키는 한 방울의 생수가 아닐까.

진정한 스승

연일 뉴스에 숙명여고 쌍둥이 시험지 유출 사건이 보도되었는데 여고생의 신분으로 법정에 세운다고 했다. 아버지가 저지른 빗나간 부정父情으로 인한 그 사건은 다른 학부모님의 입장에서 보면 참으로 파렴치한 일이다. 아직도 어떠한 결말도 내리지 않았지만 주목을 받고 있다.

내가 여고 2학년 때였다. 요리경진대회에 전라북도 대표로 선발된 적이 있었다. 학교의 전폭적인 후원을 받아 궁중음식 연구원을 다녔다. 가정 선생님 친척집에서 하숙을 하며 한식 조리를 공부했다. 황혜성 교수의 문하생으로 여러 가지 한식을 배웠는데 조선 시대 마지막 수랏간을 지켰던 한 상궁을 가까이했던 소중한 시간도 있었다.

궁중 음식의 조리비법을 시대에 맞게 계량화시키고 있어 특별한 체험을 할 수 있었다. 1970년대 초라 국민 대다수가 힘든 시절이었지만 그곳엔 외교 사절인 대사 부인들, 사대부의 여인들이 수강하는 또 다른 세계였다. 그 시절에 신선로, 구절판, 두텁떡, 전골 요리 등을 배울 수 있어서 우쭐대고 싶기도 했지만 그런 세계에 사는 그들이 부럽기도 했다.

어느 재벌 회갑연 잔치 상차림을 하느라 학원생 인원이 총출동한 적이 있었다. 그때 처음으로 많은 분량의 희귀한 음식을 눈요기하고 거들기도 했다. 또한 상류 사회의 한 면을 본 날이기도 했다.

드디어 전국 대회가 있는 날이었다. 우린 세 명이 한 조였다. 갈비찜과 전유어를 비롯한 대표 요리를 집중적으로 연습했다. 그래서 각자 잘하는 부문으로 내공을 길렀다. 같은 조, 희숙이는 전주 유명한 백반집 딸이었는데 눈썰미가 아주 좋아 찬류와 찜을 잘했고, 숙희는 조림류, 난 탕류를 잘하는 터라 집중적인 숙련을 쌓았는데 이런 날벼락이!

시험 장소에 들어서니 12팀이 도 대표로 참가했다. 그러나 36명으로 각각 개인으로 실기를 한다고 발표하였다. 4시간에

'오첩반상'을 차리는 것이 출제였다.

순간, 긴장이 절망으로 변해 우리 셋은 당황했다. 주사위는 이미 던져졌기에 빨리 사태를 수습하여 메뉴를 정했다. 다듬기, 씻기, 삶기, 무치기, 끓이기 등, 손톱 검사까지 점수를 매겼다. 도별로 치열하게 경쟁하던 터라 살벌하리만큼 선생님들은 개인별로 밀착하여 조리 과정을 세밀히 관찰했다. 총체적인 단계를 거쳐야 하는 순간순간의 피 말리는 시간이었다. 그런데, 심사위원장으로 오신 분이 바로 황혜성 교수였다.

"아!~ "

대회장 입구를 본 순간, 나도 모르게 원망 섞인 한숨이 나왔다.

그런데도 한마디 언질도 안 줬던 배신감이랄까, 우리 세 명은 무려 한 달 동안 한솥밥을 먹었는데 어찌 이럴 수가….

지방에서 올라와 합숙하며 열심히 배우는 우리를 보고 기특하다며 언제나 따스한 격려의 눈길을 주셨던 분이었다. 결과는 36명 중 4등이었다. 3등까지 성균관대 특차로 입학할 수 있는 혜택이 있어 더더욱 미련이 많은 대회였다. 한 끗 차이로 내 인생의 진로가 바뀌는 순간이었다.

조그마한 언질이라도 줬더라면 하는 원망과 회한이 있던 그날이었다. 만약 등수 안에 들었더라면 지금쯤 나는 궁중 음식 전수자나 한식 분야에서 독보적인 존재가 되지 않았을까?

TV에서 그 학원에서 인연을 가졌던 분들이 유명한 한식 대가로 나왔을 때는 더욱 아쉬움이 컸다.

들끓는 여론이 있는 숙명여고의 세태를 보며 '진정한 스승'으로 사도의 길을 가셨던 그분에게서 먼 훗날 이렇게 존경하는 마음으로 발자취를 더듬을 수 있어 참 행복하다.

그분은 한 시대를 아우른 선구자였고, 한식에 대한 업적은 물론, 인품이 훌륭한 분이셨다. 50여 년 전의 그 서운했던 감정이 이제는 '그리움'으로 승화되어 그분의 따스한 미소를 떠올려 본다.

걔네들은 어디쯤 가고 있을까

몇 해 전 일이다.

남편과 시아버지 산소에 들렀다가 들판을 가로지르며 몇 걸음 떼었는데 청량한 하늘이 갑자기 어두워진 기분이 들어 하늘을 올려다보았다.

"앗, 이럴 수가!"

파란 가을 하늘이 온통 철새로 가려져 있는 게 아닌가.

깜짝 놀라 자세히 보니 강남으로 대이동이 시작되어 무리 지어 하늘을 지나가고 있었다. 금강 하류에서 철새들을 본 적이 있었지만, 내 생전 이런 장관은 처음인지라 온몸에 소름이 돋을 정도로 한참 동안 미동도 없이 그네들을 배웅한 적이 있었다.

우리 집엔 시골살이 십수 년, 해마다 제비들이 둥지를 틀더니만 올해에는 여덟 채나 지었다. 오죽했으면 '제비 유감'有感이란 글을 다 썼겠냐마는 참으로 난감한 일이었다. 10월 들어, 유별나게 온 집안을 휘저으며 재잘대어 그치기만 기다렸는데 어느 한순간에 보이질 않았다.

얼마 전, 남편이 제비가 둥지 곁을 드나들어 성가시다고 말했는데 "곧 떠날 채비를 하나 봐."라고 귓등으로 말했다. 덩그러니 남아 있는 제비 둥지를 보니 만감이 교차했다.

지금도 제비들의 궤적은 여전히 남아 바지런을 떨어야만 하는데 그래도 막상 떠나고 보니 미운 정, 고운 정이 담뿍 들었나 보다.

인생의 반 이상을 교단에 섰기에, 그동안 내 곁을 떠난 사십여 년 동안 함께했던 수많은 제자들이 떠올랐다. 지금은 초임에 맡았던 아이들이 중견의 어엿한 사회인이 되어 "선생님!"이란 호칭이 때로는 부담스러웠다. 그때만큼은 그 시절의 철부지 꼬마가 된 나이 많은 제자들이 꼭 우리 집 제비 같았다.

나는 그네들이 붙대며 온통 진을 뺐던 그때, 머리를 책상에

박고 눈을 꼭 감았던 시간도 있었다. 학급 정원이 60명 정도여서 그 아이들의 소란스러움에 귀가 먹먹해졌기 때문이다.

도통 알려줘도 못 알아듣고 눈만 끔벅끔벅했던 어느 날, 글자를 깨우쳐 한 자 한 자 읽어갈 땐 꼭 안아주며 "정말 잘했어!" 또, "네가 이럴 줄 알았어." 그러면서 엄지를 들어 보이며 추켜세우기도 했다.

학급 아이들은 많고 욕심은 앞서서 아이들을 혼냈던 기억은 지금 생각하면 비교육적이어서 후회막급이다. 사랑의 매라고 체벌도 하고 기합도 주었던 많은 훈육 지도가 부메랑 되어 가슴에 저미어 오지만 그땐 어쩔 수 없었다고 자기 고백도

해본다.

마치 제비들이 둥지를 못 짓게 택배용 테이프를 덕지덕지 붙여 놓아 날개가 붙어 퍼덕거렸을 때의 참담함이랄까.

어미 제비가 알을 품고 아비 제비가 물어다 준 먹이만 먹고 꿈쩍도 않고 버틴 뒤, 2주일 정도 지나면 알에서 깨어난다. 그 새끼 제비들이 노란 주둥이로 서로 먹이를 달라고 '지지배배' 애원한다. 차례대로 받아먹는 순리, 비척거리며 아비 제비를 따라나서는 혹독한 비행 연습, 그네들의 모험과 도전은 날이 갈수록 더 늠름해지고 물 찬 제비로 거듭났다.

서늘한 산들바람이 불어오고 들녘의 오곡들은 황금빛으로 익어가며 빨간 고추잠자리가 가을 하늘을 수놓을 즈음, 한 가족처럼 동거 동락 했던 제비들은 하직 인사를 했다. 아래채 차양 끝에 나란히 앉아 주인장에게 한참을 재잘거리며 마당을 돌더니만 자취조차 보이질 않았다. 그들이 날아간 곳은 강남일 텐데 그들이 배회했던 빈 하늘을 가만히 올려다봤다.

걔네들은 지금 어디쯤 가고 있을까?

"지지배배, 지지배배, 지지~ 배배!~." 환청처럼 내 귓가에 종일 맴돌았다.

제비에게 베푼 관용이 때로는 어떤 기쁨을 줄지, 허망한 기대도 해봤던 적도 있다. 그렇지만 별다른 우환 없이 지낸 일 년이 감사할 따름이다.

온 집안 구석을 두루두루 넘나들며 소소한 얘깃거리를 만들었던 제비들의 기행은 추억으로 남고 외롭게 둥지만 남아 있다. 마치 북적대던 네 아이를 출가시키고 우리 내외가 사는 호운장 마냥.

삼월 삼짇날쯤 와서 구월 구일 경에 떠난 제비들을 보낸 소회所懷는 이렇듯 젊은 날의 과거를 떠올리며 인생의 반성문도 써본다.

둥지 떠난 제비가 그리운 건 아마도 애증이 발효시킨 한 줌의 사랑이 아닐까.

10년 후에 만나자

겨우내 움츠렸던 쪽파가 뾰족뾰족 초록 움을 틔웠다. 연한 쪽파김치 담으려고 준비하는 일요일 오후였다. 갑자기 전화벨이 울렸다. 받는 순간, 전기에 감전되듯 소스라치게 놀랐다. 하필이면 그날이 바로 우리가 만나기로 했던 2010년 4월 4일 4시였기 때문이다.

2000년 그해, 난 4학년을 맡았다. 장래 희망을 얘기하고 훗날 과연 '우리들의 꿈은 어떤 변화를 가져왔을까?' 각자 자기의 꿈을 적어서 그날을 생각하며 자신에게 편지를 쓰고 삽화도 그렸다. 미래의 희망을 담아 쓴 편지와 그림을 파일 속에 차곡차곡 정리했다.

그리고 기억하기 좋은 날을 4학년 4반이니까 2010년 4월

4일 4시로 정했다. 10년 후에 교정에서 만나기로 약속했던 그 시간이 떠올랐다. 48명 중 진희와 하은이만 기억하여 그날 나왔다. 그 사실을 안, 진희 어머니께서 고창으로 이사 간 나를 수소문하여 전화를 한 것이었다.

당혹스럽고 민망했지만 뒤늦게나마 그날 저녁 약속을 잡았다. 나중에 합류한 아이들과 가까스로 만나 회포를 푸는데 참 미안했다. 며칠 전까지도 기억했지만 고창으로 이사해 새 환경과 신학기라 경황 중에 기억을 놓쳤기 때문이다.

얌전하고 모범적인 하은이는 자기의 꿈대로 의학도의 길을 가고 있었다. 틈만 나면 그림을 그렸고 꾸미기를 좋아했던 진희는 의상학과를 지망하여 대학 생활을 한다고 했다. 마침 10년 전에 정리해 뒀던 파일을 가지고 갔는데 그 파일에 자신이 썼던 10년 후의 모습을 쓴 편지와 그림을 보고 함박웃음을 터트리는 모습이 그 어렸던 11살 적 모습이었다.

고맙고 기특하며 대견스러웠다. 오늘 함께하지 못한 악동樂童들의 모습들이 페이지를 넘길 때마다 오버랩 되어 새록새록 떠올랐다. 마치 논에 심어 놓은 모가 쑥쑥 포기 지어 나날이 다르게 자라는 걸 보는 농부의 심정이었다. 이런 옹골진 모습은 햇살처럼 고실고실 피어나듯 여간 사랑스럽지 않았다. 하마터면 놓칠 수 있었던 이 약속 사건은 나에게 소중한 교훈이 되었다.

내가 교단에 서 있는 동안 이외에도 순진무구한 아이들과 얼마나 많은 약속을 했을까, 나름대로 새 학년을 맡을 때마다 마음속으로 나만의 약속을 했다. 훗날 학교를 벗어나 어디서든 '만나고 싶은 선생님'으로 기억하는 여운이 있는 선생님이 되고 싶었다. 그러기에 우리 아이들을 따스하게 다독이며 사랑의 추임새를 많이 한다. 그 아이들에게 작은 사랑의 난로를 가슴 속에 품을 수 있도록 하자고 다짐했던 지난 약속이 떠오른다.

약속은 인간이 행하는 최고의 가치건만 수많은 약속을 우린 은연중에 만들고 그 테두리에서 종종거리며 밀당한다. 그날의 아찔했던 만남은 나를 수시로 일깨워 준다. 그네들과의 인연이 작은 밀알이 되어 싹 틔우고 있을 새싹을 항상 잊지 않으리라.

뒤늦게 합류한 대희가 머리를 긁적이며 들어선 순간, 우린 활짝 웃음을 터트렸다. 온갖 개구쟁이였던 천방지축 그 애의 과거가 생각났기 때문이다. 공익 근무 중이어서 짧은 머리로 변신한 모습에 웃음이 났지만 풋풋함이 느껴졌다.

'짜슥들~~'

입가에 번지는 흐뭇한 미소.

키도 몸도 다 컸지만 여전히 나에게는 사랑스런 고만고만한 예전의 모습이다. 아쉬운 작별을 하며 기약한 그날을 그리움으로 채색하며 기다리리라.

오늘 우리 집 뜨락에 핀 하늘나리꽃의 향연을 보았다. 내년에도 이 자리에서 노란 꽃대를 배시시 열어줄 하늘나리꽃과의 만남을 기다린다. 그리고 지난 추억을 그리며 20년, 30년 후의 우리 아이들이 피워 줄 삶의 위대한 서사시에 또 한 번 감흡하는 즐거움이 있으리라.

나 또한 이곳, 이 뜨락에 고졸한 아름다움을 듬쑥하게 피어나게 하리라.

14일간의 부화孵化

대산초등학교 교문에 들어섰다. 텅 빈 운동장에 유치원 교실 옆 그네만 바람결에 흔들거리고 있었다. 예전 같으면 농번기여서 부모님의 일정에 따라 일찍 온 아이들로 시끌벅적했는데 조용했다.

교무 선생님의 안내를 받아 이 층 맨 끝 1학년 교실로 들어갔다. 누군가 창문을 열어놨는지 바람이 유월답지 않게 삽상했다.

1학년 담임선생님이 갑자기 수술로 한 달간 병가를 냈다고 한다. 대체 강사를 구할 수가 없어 일주일 동안 본교 선생님들이 돌아가며 수업은 했지만 코로나19로 인해 고충이 많았다고 했다. 오래전 나와 같이 근무했던 유 선생님의 간청으로 갑자기 출근을 했다. 퇴직한 지 3년 만의 복귀였다.

수락은 했지만 가슴이 두근거렸다. 아직도 교단에 대한 미련이었을까….

호기심 어린 네 명의 남자 어린이들이 초롱초롱한 눈빛으로 나를 봤다. 그 순간, 반백인 내 머리가 생각났다. 다시는 교단에 설 일도 없고 이제는 자유롭게 살고 싶어 머리에 염색을 안 한 지 거의 일 년이 다 되어 반백의 모습이었는데 나도 모르게 당황했다. 하지만 다행히 아이들은 별 반응이 없었다.

거리두기로 책상을 배치하고 마스크를 쓴 채 수업이 진행되었다. 그러나 금세 아이들은 사회적 거리는 저 멀리 있고 곧장 친구 곁에 갔다. 아니 나부터 비대면 상태라면 몰라도 대면 상태에서는 일정한 거리두기가 어려웠다. 교육 현장의 난감한 현실을 이해했다. 어쨌든 규제에 고려하여 최대한 수업 반경을 지니고 오전 4시간을 마쳤다.

아이들과의 대면 수업은 14일간이었다. 이 짧은 기간에 아이들에게 할 수 있는 건 내가 축적한 농밀한 교육을 하는 거였다. 유감없이 그동안 못했던 그 과정들을 해보리라. 그것도 소규모 학교에서 네 명의 일학년이 대상이다. 초임 시절에는 우리 반 정원이 56명이었는데 요즘 이런 소규모 학교에서는 4명도 많은 인원이었다. 얼마나 큰 변화인가. 도시에서 일학년을 맡을 때는 조기 교육을 시켜 문자 해득을 해 교육과정 수준이 맞지 않아 참 힘들었다. 아이들도 많고 무엇보다 과보호 속에 자란 아이들인지라 훈육도 어렵고 생활지도는 언감생심이다.

그러나 네 명의 어린이는 아직 문자 해득이 안 돼 흥미 있게 교과 수업을 했다. 백지 상태의 일학년은 기초교육과 기본생활 습관 지도가 우선이었다. 하루에 한 가지씩 약속을 정해 반복하여 생활지도와 글씨 쓰기, 익히기를 했다. 의도한 대로 잘 따라 하니 나도 모르게 신명이 났다. 칭찬 스티커로 사기를 북돋우고 추임새로 격려하며 어깨를 토닥여줬다.

매시간 늦게 따라오는 성민이를 위해 칭찬을 했다.

"우리 성민이는 글자를 예쁘게 쓰려고 정성을 들이니 늦는 거야. 여러분도 빨리 쓰지 말고 천천히 쓰세요."

빨리 써지지 않아 안절부절한 성민이의 얼굴이 환해졌다. 네 명 중 외톨이여서 내심 언제나 관심 대상이었다. 말도 안 되는 걸 가지고 트집과 핑계를 대어 고집부리며 토라져 그 자리에 그대로 있었다. 어느 날은 책상 밑에 들어가 성이 풀릴 때까지 있는 성민이, 내가 존중해 주고 기다려 주니 점차 의지하며 다가왔다. 칭찬은 고래도 춤추게 하듯.

아이들은 별명이 있었다. 길우는 캥거루, 성민이는 치타, 형민이는 제우스, 도영이는 옐로우였다. 별명만으로도 개성이 느껴지는 아이들과 하루하루가 설렘 반 우려 반으로 끝나가고 있었다. 이렇게 지나는 동안, 3년 동안 멈춰 버렸던 예전의 시계가 돌아가고 있었다. 예전 같으면 고집부린다고 꾸중했을 텐데 기다리며 눈을 맞추고 있다. 내가 만든 틀 속에 아이들을 넣고 쉼 없이 앞만 보고 초조하게 달렸던 나였다.

반평생 머물렀던 〈교직 생활 반성문〉을 교직을 떠난 이제야 쓰고 있었다.

네 아이의 엄마였고 시댁과의 관계에서 맏며느리라는 책임으로 가정에서는 늘 바빴던 힘든 엄마, 학교에서는 항상 조급해했고 숨 가쁘게 종종대며 애썼던 지난 일들이 파노라마처럼 떠올랐다. 이제는 그 시간을 추억하며 일학년 선생님으로 이름표를 달고 있었다.

서정주의 시처럼 '머언 먼 젊음의 뒤안길에서 이제는 돌아와 거울 앞에 선' 나였다.

지금은 더 어깨를 토닥이고, 사랑하는 마음으로 눈 맞춤하며, 여유 있게 윤기 나는 목소리를 내고 있는지도 모른다. 사람들은 '멈추면 비로소 보인다'고 했다. 소홀하고 미진했던 부문이 이제야 보였다.

마지막 날, 이 아이들과 이별을 해야 했다.

"양치하고 강당에 가지 말고 선생님에게 바로 와요."

일러둔 대로 쪼르르 달려왔다. 한 아이씩 가슴이 으스러지도록 꼭 세 번씩 안아줬다. 맨 처음 안은 도영이는 활짝 웃으며 '아파요, 선생님!~' 성민이는 '더 꼬옥-요!' 형민이는 '흐흐 흐!~' 웃음소리를 냈다. 마지막 안은 길우가 웃으며 안기

더니 훌쩍였다. 나도 모르게 가슴이 먹먹해지며 눈물이 핑 돌았다. 지난 수십 년간 교직 생활하면서 내가 언제 반 아이들을 이렇게 각각 안아주며 이별을 해 보았던가….

순간 당황했지만 길우의 어깨를 감싸 안으며 눈을 바라봤다. 그 순진무구한 눈망울이 나를 출렁이게 했다. 선생님 말씀 잘 듣고 공부 열심히 하라고 일렀다. 나중에 만날 수도 있다고 위로하며 돌아섰다. 교장 선생님과 현관에서 인사했다. 나하고 교대 동창인 남선생님의 배웅을 받으며 차 문을 연 순간, 주차장 모퉁이에 서 있는 길우를 봤다.

'어머나, 길우가!'

손짓을 했다. 기다렸다는 듯 힘차게 달려왔다. 다시 한번 꼭 안아주며 길우와 한참을 서로 안고 있었다. 남선생님께 길우를 부탁하고 교문을 나섰다. 그때서야 빈 운동장에 아이들의 시끌벅적한 함성이 들려오는 거 같았다. 나도 아이들도 어쩌면 새롭게 부화되었던 시간이었다. 알에서 깨어나듯.

처음이자 마지막일 것 같은 14일간의 일탈이 나를 새롭게 일으켰다. 거기에 길우의 눈물이 더 부화孵化를 도왔나 보다.

보름달 밤의 헹가래

25년 전, 전주 중산초등학교에서의 일이다. 그 학교는 그 당시 '열린 교육 교육부 시범학교'였다. 그래서인지 우리 학교의 '축제 한마당'은 웬만한 예술인 발표회 수준이었다. 학년마다 일주일간 학예 발표회를 하고 학년에서 대표작을 엄선하여 종합 발표회를 했다.

나는 아이들만으로 이뤄진 발표회가 아닌 학부모와 연계된 종목을 접목시키는 '가족 합창'을 구상하였다. 먼저 희망자를 모집했으나 손사래를 치며 아무도 희망하지 않아 어쩔 수 없이 자모회 임원 다섯 가족을 설득시켜 연습하기로 했다. 문제는 아버지들의 사정으로 저녁 8시 이후에나 가능하여 밤에만 연습을 해야 했다.

사람의 심리란 묘하다. 인선이 끝나자, 욕심이 생겼다. 이왕이면 현악 사중주를 곁들이면 훨씬 수준 있는 합창이 되리라 생각되어 고교입시에 바쁜 진웅이 누나도 합세시켰다. 진웅이 누나가 첼로 파트였고, 재연이와 훈현이는 바이올린, 하나는 피아노 반주였다. 마침 상기 아버지께서 학창 시절에 교회에서 지휘를 하셨다고 하여 지휘도 맡겼다.

시간은 정했지만 많이 모여야 세 가족이지 연습은 좀처럼 진전이 없었다. 그때 나는 대학 입시를 앞둔 고 3이 있는 학부모였지만 4남매는 한 달간 내 마음에 없었다. 생강차, 대추차, 찐빵 등 간식거리를 챙기고 보온병을 들고 깜깜한 강당에 불을 켜고 다섯 가족을 기다렸다. 점차 시간이 갈수록 인원이 채워졌다. 무대 위에 꽉 차게 설 자리를 배정하고 율동을 가미했다.

어색한 팔 동작에 이내 웃음이 터지고 한바탕 시끌벅적한 대화로 마음을 터 갔다. 너도나도 한 보따리씩 맛깔나는 군것질을 가져와 더욱 따스한 분위기로 화기애애해졌다. 나는 단 한 명의 청중이 되었다. 텅 빈 강당에서 나를 위한 합창인 것처럼 매일 밤 계속되었다.

'짝, 짝, 짝!.'

내 박수 소리가 메아리되어 강당에 퍼져나갔다. 나는 매일 힘들고 피곤했다. 그러나 조금씩 변화하는 그네들의 일치된 화음이 피로 회복제인양 원기가 돋았다.

무엇보다 서로를 챙기고 목표를 향해 한마음으로 위로하고 혼연일체가 되어 가는 모습이 아름다웠다. 훈훈한 마음으로 빙그레 웃고 있는 홍조 띤 아이들의 모습도 참 예뻤다. 연습은 우리 모두에게 늦가을의 추위도 잊게 했다. 가을이라 감 닮은 주홍색 티셔츠와 검정 바지를 입고 현악 사중주를 갖춘 가족 합창이 끝났을 땐 우레와 같은 박수를 받았다.

'허나, 어쩌나!'

기대했던 종합 예술제에 탈락되었다. 한 번 달궈진 단합된 힘은 고집 센 교장 선생님을 설득하여 기어이 또 전교생 무대에 섰다.

그날 저녁이었다. 행사 시간에 맞춰 저녁을 먹고 나온 식당 앞이었다. 아버지들이 모여 뭔가 상의하는 듯했다. 드릴 말씀이 있다고 한 순간, 나를 안아 헹가레를 쳤다.

하늘에 붕 띄워진 그 찰나, 나는 황홀하게 웃고 있었다. 야

릇하고 어리벙벙한 기쁨으로 어지러움을 느낀 체.

'앗, 치마 입었는데….'

음력 시월 보름달이 살며시 미소 짓고 있었다.

아주 특별한 축사

창호 결혼식을 치룬지 이틀이 지났다. 오늘 비로소 냉장고에 붙였던 원고를 뗐다. 갑자기 2주 동안의 긴장이 다 풀리는 것 같다.

시월 초에 폰이 울려 쳐다보니 창호 어머니의 이름이 떴다. 창호가 이제야 결혼한다며 축사를 부탁했다. 주례 없는 결혼식을 한다고 했다. 덕담 몇 마디 해주시라는 간곡한 말씀이셨다.

나는 초창기 병설 유치원을 맡았을 때 창호 어머니와 각별한 인연이 있었다. 그해, 나는 넷째인 아들을 임신하여 아주 힘들었다. 곁에서 그분이 큰 도움을 주셨다. 그래서 더 이상 거절을 못했다.

그때부터 축사 프로젝트가 시작되었다. 대답은 했으나 날짜는 날마다 빠르게 잘도 갔다. 며칠 원고를 쓰고 읽고 몇 번이나 덧붙인 글 위에 또 다른 수정을 했다. 큰 소리로 읽어 보고 자분자분 느리게도 읽어 보았다.

수없이 반복해서 연습했다. 운동 가는 길에서, 상추를 다듬을 때도, 빨래를 널 때도 웅얼거리며 시도 때도 없이 연기연습 같은 시간이 흘렀다. 어느 정도 익숙해지니 의상이 걱정되었다. 퇴임 후, 편한 복장만 입는 추세라 정장을 다시 구입하기도 쉽지 않았다. 결국 진달래색 앙상블로 정했지만 예전에 입던 거라 신경이 많이 쓰였다.

결혼식 날은 원고 첫 마디가 화창한 가을 날씨여서 기상예보도 확인해야 했다.

축사하는 위치, 마이크 점검 등 확인이 필요해 식장에 일찍 도착하여 전에 진행한 예식에 참석했다. 점심은 안중에 없고 다만 실수하지 않고 무사히 내 마음을 전하는 게 더 중요했다.

중앙 진입로 상단에서 신랑 신부와 마주 보고 한다고 했다. 순서가 가까워지자 심장이 쿵쾅거렸다.

'자, 침착하자.' 숨을 들이마시고 내쉬고 몇 번을 하니 가라

앉았다. 순간, 원고를 가져오지 않아 후회스러웠다. 없어도 할 수 있을 것 같아서 그냥 왔는데 현장은 나를 한없이 작게 만들었다.

'이왕 엎어진 걸 어떡해. 나는 할 수 있어!'

드디어 축사 순서가 왔다. 사회자가 신랑의 유치원과 1학년을 담임한 은사라고 소개했다. 세 계단을 오르는데 힘이 들었다. 오랜만에 신은 정장 구두가 왜 그리 무거운지….

준비했던 원고로 첫머리를 하지 않았다. 신랑 신부가 맞절할 때 신랑이 땅에 닿을 정도로 절을 했던 장면이 생각났기 때문이다.

"결혼식을 수없이 다녀봤는데 신랑이 절을 이렇게 극진히 하는 걸 처음 봤어요. 여러분들도 신부 사랑이 얼마나 큰 줄 아셨지요?"

웃으면서 첫마디를 하고 나니 긴장이 풀렸다.

"선남선녀가 늠름한 모습으로 아름다운 반려자와 함께 서 있으니 제 가슴이 벅차네요."

"한 송이의 국화꽃을 피우기 위해 봄부터 소쩍새가 울고 무서리도 내리고 천둥 번개도 휘몰아쳤으리라 생각해요. 제

앞에 있는 신랑 신부를 이렇게 반듯하고 곱게 키운 부모님의 헌신은 이루 말할 수 없겠지요? 양가 부모님께 큰 박수 부탁드립니다." (짝짝짝)

"덕담을 신랑 신부가 보낸 청첩장의 글로 하겠습니다.

'서로 아끼고 감사하며 아름답게 살겠습니다'라고 쓰여있더군요.

'서로 아끼고 사세요. 금쪽같은 아내, 금쪽같은 남편으로 존중하며 사세요.'

'감사하며 사세요. 감사는 습관이에요. 표현할 줄 모르는 언어는 죽은 언어라고 생각해요. 고마워! 사랑해! 이 말은 많이 하면 할수록 좋아요.'

'아름답게 사세요. 아름답게 사는 것은 배려하는 마음이에요. 짝 배配, 생각할 려慮' 짝을 이해하고 헤아리는 마음입니다.' 중략~

초등학교 선생님으로 돌아가 신랑 신부를 불러 보겠습니다.

'한창호!(예), 조유연!(예), 이 약속 잊지 마!'

"감사합니다."

이렇게 끝맺음을 했다. 내려오는 계단은 그리 버겁지 않았다.

내 인생에서 오늘 같은 일은 많지 않으리라.

이로 인해 그 과정을 생각해 보니 내가 그만큼 더 진중해진 것 같다. 제자의 축사가 나를 한껏 성장하게 하고 존재감을 일깨워준 계기가 됐다. 일생에 단 한 번일 것 같은 이 기회가 나를 떨리게 했고 지난날을 돌아보는 시간인 것 같아 뿌듯하고 흐뭇했다.

까무잡잡한 얼굴, 상그레하게 잘 웃던 창호, 준비물을 가져오지 않은 친구와 나눠 쓰는 마음이 따뜻한 그 아이. 운동장에서 놀다 다친 친구와 보건실에 갔던 친절한 아이. 그 창호가 꽃길만 걷기를….

'인생은 꽃길만 있는 건 아니란다. 살다 보면 힘들 때도 있단다. 그럴 때 너희 둘이 다짐했던 세 가지 약속을 떠올리며 굳세게 살아가렴.'

몇십 년이 넘은 세월 속에 묻혀 한 개의 씨앗이 피워 올린 이 순간을 잊지 않으리라. 삶은 놀라운 생명력과 가능성을 지닌 작은 씨앗의 이야기부터 시작되는가 보다.

반백半白이 된, 내 머리의 진가眞價를 톡톡히 본 아주 특별한 나의 결혼 축사!

이런 날도 있더이다

"선생님, 가을이 왔는데 어떻게 지내시나 전화했어요, 잘 계시죠?"

언제 들어도 다정다감한 원철이의 안부 전화였다.

원철이는 내가 새내기 교사로서 초임 발령된 학교의 첫 제자다.

1978년 10월 16일에, 발령 났는데 2학년 2반을 맡았다. 교실 부족으로 운동장 한쪽에 비닐하우스로 만든 교실에서 나의 교단생활은 시작됐다.

원철이는 우리 반 반장인데 내성적이어서 수줍어하는 아이지만 아주 모범생이었다. 그런 그가 교사여서 그런지 전화로 살갑게 간간이 안부를 묻곤 했다. 내가 늦깎이 교감으로 승진했던 그해 가을, 열다섯 명의 아이들과 정읍의 한 식당에서 만났다. 원철이의 주선으로 초임 때 맡은 우리 반 아이들을 38년 만에 볼 수 있었다.

「선생님을 만나러 간다고 생각하니 어릴 적 소풍을 기다리는 아이의 마음처럼 설레고 떨립니다. 선생님은 어떤 모습일지, 우리는 어떻게 비쳐질지 궁금하기 때문입니다. ~~중략

우리들의 마음속에 동화처럼 아름다운 동심을 심어주신 선생님, 감사합니다.」

라고 보내온 편지는 만나지 않았어도 며칠째 내 마음을 아이들처럼 설레게 했다.

교문 옆, 본관과 뚝 떨어진 비닐하우스 교실은 흙바닥이어서 늘 물조리개로 바닥에 물을 뿌려야 했다. 뒷문만 열면 프라타나스의 넓은 잎이 잔뜩 깔린 그곳은 우리 반 전용 운동장이었다.

서리가 뽀얗게 내린 날도, 눈이 소복이 쌓인 날에도 깔깔대며 웃어대던 그해였다.

열정으로 뭉친 초임 시절에는 꿈도 많았다. 그들과 신명 나게 지냈던 덕분인지 첫해 맡았던 그네들과의 추억이 많다. 마

침 전임 선생님이 서랍에 넣어 둔 학년 초 학급 단체 사진은 38년이 지나서야 빛을 발했다. 우리 반 아이들에게 참으로 귀중한 선물이 됐다. 기억이 흐려질 것 같아 사진 뒤에 아이들의 이름을 써놨던 건 신의 한 수였다. 오래된 사진 속의 아이들을 우리의 기억 속에 찾는 것은 여느 모험보다 어려웠으니까.

"에게, 이게 나였어?"

"아, 맞아, 이건 선영이야."

"너 웃긴다. 이렇게 쪼만 했어?"

중년이 된, 9살 적 사진은 많은 얘깃거리가 되었다.

자신들의 위치에서 의젓하고 튼실한 중견인, 그네들에게

"여러분들이 이렇게 반듯하게 성장해줘서 고맙습니다, 그리고 여러분이 자랑스럽습니다."

라고 인사말을 했다. 내 앨범에서 그때 그 시절 사진들을 다시 제본하여 한 부씩 줬다.

'작은 친절, 작은 사랑의 말 한마디가 지구를 행복하게 천국처럼 만든다'

고 제본한 뒷장에 이 말을 썼다.

초임 시절을 회상하며 새록새록 추억을 떠올렸다. 아이들이 마냥 좋아하는 모습을 보니 영락없는 2학년이다. 중년의 모습 속에 어린 시절 모습이 잔영殘影속에 겹쳐졌다. 장난이 심한 영범이는 비닐하우스 문 옆에 있는 개똥을 자진해서 치운 덕분에 처음으로 봉사상을 받았다고 말해 모두 한바탕 웃었다.

누구는 코 찌찔이었는데 지금은 멋져졌다고 맞장구를 치기도 했다. 그네들만의 천진난만했던 기억들이 파노라마처럼 펼쳐졌다. 모두 반가워하고 그리워하는 모습을 보는 나도 감회가 깊었다. 계절 별미인 쇠머리 찰떡을 해 와 건네주니 선생님이 '친정엄마' 같다고 했다.

「제자들이 준 꽃다발 속 꽃들이
받침대 진동으로 파르르 떨던 날
강산이 세 번이나 변했을 그 세월이 중년이 되어
사제의 정을 피울 때 이렇게 아름답더이다
정일 아이들과 만난 날 2016. 1. 9. 일기 中에서」

'살기가 바빠 선생님을 잊었는데 뵙고 나니 가슴속을 꽉 채워지는 그런 감정이 있어요.'

'앞만 보고 달렸는데 지금은 내 인생을 다시 한번 돌아볼

수 있고 또 인생의 멘토가 생겼어요.'

'선생님께서 저의 선생님이어서 너무 감사하고 자랑스러워요.' 등….

그날의 감동을 쓴 일기의 한 토막이지만 지금도 그 감격을 잊질 못한다.

물질만능주의로 격변하는 요즘, 교육을 한탄하며 미래가 없다고 암울하게 말하기도 한다. 하지만 아낌없이 주고 소중히 여기며 존중하는 삶은 이렇듯 한 알의 밀알을 싹틔울 수 있다.

사제의 정이 메말라간다고 안타까워하지 말고 내가 먼저 손 내밀고 작은 정성을 다하여 산다면 세상을 변화시키는 한 방울의 생수가 아닐까. 발원지에서 흐른 그 물이 옹달샘에서 실개천을 지나 시냇물을 이루고 강물이 돼 대망待望의 바다를 이루리라.

"얘들아, 난 너희가 있어 덕분에 아름답게 익어갈 수 있단다. 고맙다!"

세 번째 대박!

'조숙자!'

교감 자격 연수 대상 명단에 분명 내 이름이 있었다. 그 순간, 숨이 멎는 것 같았다.

두 번째, 인생 대박!!

동료들이 승진 스펙에 치열한 도전을 할 때 나의 지난했던 시절이 파노라마처럼 지나갔다.

남편과 수험생인 아이들의 도시락을 여러 개 싸야 했고, 네 아이의 엄마, 종부와 교사로서 1인 4역은 물론 시부모님의 십수 년 병구완으로 종종대야만 했던 그 시간이 떠올랐다.

여러 가지 여건으로 승진 뜻은 없었지만 학교를 옮길 때마다 받은 부가 점수로 최대의 경사가 생긴 것이다. 승진 대상자 중에 나이가 많은 늦깎이 왕언니여서 부가 점수 받으려고 반장 감투까지 썼던 연수 기간을 잊을 수가 없었다.

대입 준비 시절에나 노크했던 도서실에서 고시생처럼 열심히 공부했던 시간이었다.

20년 엘리트 후배 속에서 내 성적은 거꾸로 나이순이었다. 그래도 내 생애, 한 점의 후회 없이 공부에 전념했던 시간이었다.

내 인생에서 첫 번째 대박은 딸만 셋을 낳고 고대했던 아들을 낳은 것이리라.

그때는 셋째부터 세금이 부가되었지만 거기에 현혹되지 않았다.

"아들이에요!"

탯줄도 끊지 않은 채 숨 가쁘게 전한 간호사 말에 환호했던 그 순간이었다.

세 번째, 인생 대박은 어떤 것일까?

인생을 살다 보면 여러 가지 생각들로 꽉 차오른다. 나는 예측하기 어려운 인생의 굴곡진 삶이지만 이렇게 일상을 선물 받은 하루하루가 더없이 소중하다.

'직업으로 30년, 은퇴 후 10년은 보람으로 소일하고 그 너머에선 자연과 더불어 인생을 3모작 하라'는 말이 있다. 스스로 고민하며 되뇌어본다. 인생 제2막, 은퇴 후의 삶이 명품 인생이 되었으면 한다.

명품 가방, 명품 시계가 있듯 사람에게도 명품 사람이 있다. 어떤 이는 '명품 사람이란 너그러움과 따뜻함이 가득한 마음을 가진 사람'이라고 했다. 조금만 나를 낮추면 더 많이 나눌 수 있고 품을 수 있는데 쥔 손 펴지 못하고 있다. 버리고 줄여야 하는데 자꾸만 더 얹고 가는 것은 아닌지….

좋은 마음, 좋은 관계, 좋은 소통 속에 고요하게 잘 흘러야 올바른 지혜가 솟아 나오듯, 좀 더 귀기울이면서 더 많이 듣고 더 낮아져야 하리라.

요즈음 일이다. 뒤란 댓돌에 발을 딛는 순간 어떤 물체가 화들짝 뛰어올랐다. 가만히 보니 손톱만 한 청개구리였다. 해마다 들르는 손님처럼 올해도 왔나 생각했는데 개체가 늘어 열댓 마리다. 처마 끝에 둥지를 튼 제비집이 벌써 여덟 채다. 방문을 열어 보면 밤새 지어 놓은 거미집들, 바람에도 아랑곳하지 않고 그대로 건재하다. 그런 틈새에서도 황금 거미는 알

파벳으로 글씨를 수놓고 있고.

떼지어 종종대는 참새들은 요리조리 그들만의 담소가 한창이다. 계절에 맞추어 꽃 피우는 뜰 안의 예쁜 꽃들. 벌써 나는 우리 가족이 불어난 듯 마음 부자다. 한 지붕 한 울안에서 따뜻한 정감을 누리고 있다.

작은 기쁨을 누리는 능력, 얼마간의 유쾌함, 사랑, 그리고 서정성 짙은 마음을 갖는 것이 나를 명품화시키고 있다고 생각한다. 때로는 고개를 높이 들어 한 조각의 하늘을 보고, 초록빛 나뭇가지 틈새로 비친 파란 들판을 누리고, 우리 집 쎈의 처연한 눈망울에 눈을 맞추며 그 마음을 키워 가리라.

귀퉁이 텃밭이지만 나의 옷고름과 몸 내음을 둔다면 햇빛과 만나는 삶이 나날이 자족自足의 꽃으로 피어나리라. 매일 내가 조금씩 변화되어 자연을 닮아가는 일상, 그것이 세 번째 대박이다.

'왜 사냐 건 웃지요.' 라고 한 시인의 구절을 알 것 같다.

네 번째 귀환

늦은 저녁 식사를 마치고 잠시 뉴스를 보고 있었다.

그 시각에 걸려온 남편의 휴대폰에서 잃어버렸던 내 휴대폰 소식을 들었다. 50대로 보이는 전화 속 여인이 주워서 보관 중이니 어떻게 받고 싶은지 묻는 전화였다. 반가우면서도 개통한 지 하루도 안 된 새 휴대폰을 바라보며 속으로는 씁쓰레하면서 고맙다며 보낼 주소를 불러 주었다.

"후유!~"

폰의 분실이 빚은 5일간의 해프닝이 끝났다.

지난 연말 전주에 모임이 있어 생소한 길을 걸어가던 중, 내비에 의지하여 방심하며 떨어뜨린 폰의 귀환이었다.

잃어버린 즉시 신고를 하여 위치를 파악했는데 그 장소 언

저리에 있다고 알려줘 샅샅이 살펴봤지만 없었다. 도로 한가운데에 떨어뜨린 폰은 3일이 지나서야 스스로 마지막 이별을 고한 뒤 무음으로 남았다.

"약정 기간도 끝나고 어차피 바꿔야 할 폰인데…."

염려하는 지인들에게 위로 삼아 말했지만 가슴이 헛헛했다. 이렇게 허망하게 내 곁을 떠났던 그 폰의 귀환이 한 통의 전화로 나를 생기 있게 만들었다.

지난 해, 세 번씩이나 잃어버렸던 그 폰이 오늘로써 네 번째 귀환을 한 셈이다. 이제는 자포자기하고 거창한 이별식은 아니지만 나름대로 자연스럽게 이별을 했는데 때늦게 등장한 내 휴대폰!

뜨거운 지난여름, 전주 다녀오는 길에 남편은 보여줄 게 있다며 어느 묘소로 안내했다. 우리도 저렇게 묘역을 조성하면 어떠냐고 의견을 물어 사진을 찍었다. 집에 와 남편 폰에 전송하려고 가방을 보니 폰이 없었다. 이 휴대폰의 첫 번째 분실이었다. 다시 찾아간 묘소 옆 풀밭에서 빨간 케이스의 폰을 찾을 수 있었다.

친구들과 금산 '물빛정원'이라는 곳으로 가던 중, 직통버스에 놓고 내린 두 번째 분실 사건은 타고 온 직행버스에 연락하여 그 버스 기사님의 재치로 찾을 수 있었다. 외국인이 엉덩이 밑에 깔고 시치미 떼고 있는데 달리는 차를 갓길에 세우고 일어나라고 하여 건질 수 있었다. 폰을 고창 터미널에서 인수하기로 하여 대신 나간 남편은 그 기사가 30여 년 전의 등산동호회 후배였다며 기뻐하였다. 그 후배와 다정하게 어깨동무한 모습을 영상 통화로 보여주었다.

전주에 다녀오던 길에 남편이 조문을 다녀오겠다고 정읍 터미널 카페에서 기다리라 했다. 약간의 시간이 있어 지인에게 전화하려고 하니 또 폰이 없었다.

분명히 차 안에서 내릴 때도 있었는데….

정읍 터미널 부근 몇 군데 들른 곳을 수소문하며 찾던 차, 수입 코너에서 낯익은 분이 있었다. 똑같이 눈이 마주치며 반가워했던 분은 창호 어머니셨다. 그분의 도움으로 승객이 주워 목포에서 오는 차를 2시간 가까이 기다려 찾을 수 있었다. 이것이 세 번째 폰의 귀환이었다.

창호 어머나와의 인연은 병설 유치원이 도입된 첫해였다. 아들을 임신하여 만삭이던 나를 도와 살림 보조역할을 해 주신 분이었는데 연락이 안 닿아 오랜 세월 잊고 있었다. 이렇게 그분을 만나게 해준 인연도 끈질긴 이 폰이었다. 창호 어머니의 주선으로 그때의 자모님들을 30여 년 만에 만나게 해줘 회포를 풀게 해 우리는 이것도 잃어버린 폰 덕분이라고 웃었다.

제일 아쉬웠던 건 도로 살릴 수 없는 앨범 속의 사진들이었다. 되돌릴 수 없는 그때 그 시간의 흔적이 삭제되는 것이 커다란 아쉬움으로 남았다.

또한 폰 속에 있는 내 삶이 다 사라진 그 기분, '헛되고도 헛되도다'라고 혼잣말처럼 되뇌어봤다. 그러나 돌아온 폰으로 그 시절 그때를 저장할 수 있다는 그 기쁨이 나를 설레게 했다.

폰 없이 산, 며칠간의 공백이 떠오르고 이제는 합체合體된 이 물건이 도대체 나를 왜 이렇게 서성이며 설레게 하는지 묘했다.

모든 게 고립무원孤立無援이었다. 예속되지 않은 불완전한 그 상태 속에서 무중력 상태로 떠도는 부랑자 같다고 할까, 참으로 귀한 체험을 했다. 며칠만 기다려보자고 말하는 남편이 야속하기까지 했다. 헌데….

무의식 속에 소속되고자 하는 귀소 본능이 있는 게 아닐까, 아니면 분리分離에서 오는 심리적 박탈감일까, 나는 나름대로 잃어버린 휴대폰을 통해 나를 진단했다.

세상에 따스한 정이 있어 찾아준 그분께 내가 담은 고창표 복분자로 마음을 보냈다. 이름이 선화였는데 이렇게 또 하나의 인연을 만났다. 되풀이되는 윤회 속에서 이런 인연을 떠올리며 배움을 얻는다.

삶이 하나의 놀이터라면 나는 경험을 통해 배울 것이다. 실패한 경험은 성공한 경험만큼 똑같이 중요한 과정이니까.

그래도 다섯 번째의 귀환은 없어야 하리라.

마중물

'봄은 겨울로부터 오는 것이 아니라 침묵으로부터 온다. 또한 꽃들은 침묵 위에 내려앉고 계절의 순환을 경험한다'고 했다. 막스 피카르트가 쓴 《침묵의 세계》에 나오는 구절이다.

이렇듯 천변에 있는 둑길은 나에게 사색의 길이다. 둑길에 핀 싸리꽃은 긴 침묵을 깨고 고운 빛깔을 흐드러지게 내뿜고 있었다. 눈이 부셨다. 백 년이 넘었을 느티나무에서는 새 이파리가 연두색을 한껏 머금고 있었다. 길옆, 문득 폐가 장독대에 녹이 잔뜩 쓴 펌프가 보였다. 어렸을 때, 우리 집 한쪽에 있던 펌프가 떠올랐다.

"꾸르륵, 꾸르륵!"

물이 올라오는 소리가 아니었다.

그 소리에 얼마나 낙심했던가, 한 바가지 물을 붓고 힘주어 펌프질 여러 번 했던 때가 생각났다. 한바탕 실랑이를 하면 힘이 쏙 빠지고 새 물을 올리기 위해 한 바가지의 물을 더 부었더니 드디어 펌프에서 힘찬 물줄기가 쏟아졌다. 그 바가지의 물이 마중물이라 했다.

온 힘을 다해 펌프질을 하면 새 물이 따라 올라왔다. 그때의 상쾌하고 짜릿한 기분이란. 그러고 보니 내 인생의 마중물은 언제였지?

가난 때문에 진학을 포기하고 있었을 때였다. 6학년 담임 선생님의 원서 접수가 생각났다. 진학률이라도 높이자고 접수했는데 덜컥 장학생이 됐다. 많은 금액을 면제 받았지만 입학금과 교재비를 낼 수 없어 진학을 접어야 했다. 각자 살기도 어렵고 힘든데 동네 분들이 건네준 좀도리 쌀 덕분에 중학교에 진학했다. 그때가 나의 첫 번째 마중물이었던 셈이다.

막상 교대에 합격했으나 등록금이 없어 절망에 빠졌을 때였다. 납기 마지막 날, 이모가 풀어 준 금목걸이를 저당 잡혀 등록금을 낸 일이다. 택시는 언감생심, 엄마와 난 오거리에 있는 은행을 향해 무조건 달렸다. 젖 먹던 힘을 다해 달렸으나 은행 셔터가 내려져 있었다. 어쩔 줄 몰라 그 앞에서 엄마와 난 망연자실하였다. 나도 모르게 눈물이 났다. 엄마는 털썩 주저앉았다. 그걸 본, 경비원이 우리의 사정을 듣고 뒷문으로 안내했다. 가까스로 내민 등록금을 담당 직원이 시간을 넘겨서 안 된다고 했을 때였다. 딱한 사연을 지켜본 은행 대리의 선처는 한 사람의 운명을 바꿀 수 있음도 알았다. 내 두 번째의 마중물이다.

세 번째의 마중물은 시아버지의 작고였다. 시아버지는 3년째 뇌졸중이라는 병환을 앓으셨다. 병간호를 위해 우리는 두 집 살림을 했다. 엎친 데 덮친 격으로 수발들던 시어머니께서 심한 관절염으로 일어서질 못해 입원하셨다. 지금과는 달리 요양 시설이 없었다. 내가 감당하기에 두 분의 간병과 네 아이의 돌봄은 매우 힘든 때였다. 그래서 교직을 그만두기로 했다. 1학기만 마치고 사직하려 했는데 여름 방학 중에 시아버지께서 돌아가셨다. 운신하기 힘든 시어머니를 우리 집에 모셔서 일단락 됐던 일이다. 그때 내가 어려운 고비를 넘기고 넘겨 정년을 하리라곤 생각조차 못했다.

마지막 마중물은 수필과의 인연이다. 무사히 정년을 마치고 입문한 수필 공부는 또 다른 마중물 구실을 하였다. 주변을 돌아보며 내 안의 삶을 들여다볼 수 있음이 행복하다. 그리고 내 삶을 엮을 수 있는 힘을 길러 준다. 한 걸음 한 걸음 내딛는 오늘이 좋다. 인문학적인 삶을 꿈꾸게 해준 시간을 기억하며 찬찬히 걸어갈 것이다.

절망과 좌절로 한 치 앞을 볼 수 없었던 시절, 나를 세상 밖으로 나오게 했던 마중물.

현직에 있을 때의 일이다. 일 년이면 바뀌는 아이들에게 때때로 마중물이 되고자 노력했다. 둘째 딸이 아파서 소아과에 갔다. 대기 중인 손님들 중에 내 눈길을 피하는 나어린 아이가 있어 살펴보니 일학년을 담임했던 정숙이었다. 중학교에 간 줄 알았는데, 집안 형편이 어렵고 정신 분열증이 있는 어머니는 정숙이를 남의 집에 맡겼다고 했다. 식모살이를 하고 있었다. 그 집 애가 아파서 병원에 왔다고 했다. 가만히 한 쪽으로 불러 두 손을 잡았다.

"정숙아, 지금은 힘들지만 야학이라도 공부해라. 넌 할 수 있어."

누차 일렀다. 그런 정숙이와 헤어진 십여 년 후 일이다. 대기 관측상 몇십 년 만의 폭설이 내렸던 오지의 학교에서 방학 중 일직하는 날이었다. 그날따라 눈보라가 엄청나게 휘몰아쳤다. 운동장 너머 눈사람이 걸어오고 있었다.

'어, 이 눈속에 누구지?'

현관으로 나간 난 깜짝 놀랐다. 정숙이는 바짝 마른 왜소한 소녀였는데 어느새 숙녀가 되어 있었다. 놀란 눈으로 정숙이를 와락 안았다. 선생님 말씀 듣고 용기 내어 서울로 올라가서 영등포에 있는 의류 업체에 다녔다고 했다. 야학 산업체 고등학교 졸업하고 취직하여 착실한 남편과 결혼한다고 했다. 선생님께 이 소식 전하고 싶었단다.

폭설이 내려 차도 안 다닌, 십리 길을 걸어 온 정숙이가 초임 시절에 있었던 내가 피 올린 첫 마중물이 아니었을까.

어린 가슴에 불씨를 피울 수 있도록 했다. 마치 초등학교 3학년 담임선생님이 가난한 나에게 교사의 꿈을 끌어올렸듯이. 누군가의 마중물이 되어 주는 것, 그저 한 바가지의 마음만 있으면 할 수 있다. 나부터 마중물이 되리라.

요즘 지천이 꽃 세상이다. 시새워 벙그러지는 꽃들의 향기에 걸음마저 비틀거렸다. 꽃들의 향기에 취해 비틀거리는데도 내 인생의 마중물이 된 폐가의 펌프가 새삼스럽게 다시 보였다.

초보 시절

"아이고, 읏싸, 으!~~"

요가 중에 나오는 신음 소리다. 이를 악물고 한 동작할 때마다 나도 모르게 나오는 다양한 의성어!

오늘도 이를 악물고 견디고 또 견디는 극기 훈련을 한다. 끝날 때는 보약 한 첩 먹은 마음이다. 이 성취감은 얼마나 큰 힘일까. 살아오면서 돈 주고 하는 운동은 퇴임 이태 전에 적을 두었던 요가였다. 그것도 회식 핑계, 가정사로 인해 부진했던 출석이었다.

퇴임 후 본격적인 운동을 시작한 지 2년이 지날 무렵, 코로나 팬데믹으로 인해 직장에 출근하듯 다녔던 센터가 문을 닫았다. 어쩔 수 없이 마을 뒤 둑길을 걸었다. 봄에는 청보리가 연출하는 연둣빛 일렁임, 여름에는 초록빛 속 왜가리 군무群舞, 가을을 꽉 채운 황금빛 들녘, 겨울에는 눈 쌓인 대지大地가 드러낸 성찰省察을 본다. 이렇게 빚어낸 자연 속의 사계절은 나를 위로해 준다.

그 이후로 느슨하지만 습관적인 운동은 종아리에 근육을 붙게 했다. 오롯이 운동을 위한 오전이 전혀 아깝지 않았다.

"조숙자 님, 다리를 더 올리세요."

이 말은 내가 듣고 싶지 않은 말이다. 그 순간 잘못했다는 시인보다는 내가 작아졌다. 그래서 센터에서 갖는 나의 목표는 이름이 불리지 않는 거였다.

제일 즐거운 것은 지적 없이 잘 마쳤던 그 시간이고, 가장 맛있는 차는 운동 끝나고 마시는 따뜻한 차, 빨리 듣고 싶은 말 한마디는 '오늘은 여기까지입니다.' 그 말이다.

햇수로 최장기간 수강생인 나, 그런데 초보 딱지는 여전하다. 월요일에는 체형 요가, 화요일에는 휠, 수요일에는 폼롤러, 목요일에는 짐볼, 금요일에는 플라잉을 하지만 관절이 아파 금요일 오후에는 체형 요가를 다닌다.

교통사고 난 것처럼 온몸이 쑤시고 얼얼하고 힘들다. 운동

하러 오가며 걷는 것도 마냥 즐겁다. 걸으면서 시도하는 나만의 독무대는 날마다 새롭고 신명나는 시간이다. 하지만 운동 중 이어지는 순간의 고통은 견딜 수 없을 만큼 힘들다.

'고통이 있기에 살아 있는 것이다. 견디는 인생을 사는 것, 아름다움이란 견뎌내는 사람이다.'라고 노자는 말했다.

"인생은 견디는 것!"

요가 시작 전에 주문처럼 외운다. 그리고 마지막 한계를 극복하기 위해 뇌리에 새기며 안간힘을 쓴다.

요가 센터에 다닌 지 8년째, 지금도 짐볼 위에서 무릎으로 서기를 못하고 있다. 어디 그뿐이랴. 내가 만일 그 동작이 완성되는 날, 떡을 수강생 전체에게 쏘겠다고 미리 장담을 했지만 요원한 사항일 뿐 그날은 쉽지 않을 것만 같다.

지난 시간은 충분히 초보 딱지를 떼고도 남을 시간이지만 왜 그리 더디고 힘든지….

새색시 시절의 초년생 주부, 막막했던 초임 시절, 겁 많은 초보 운전이 있었다. 이제는 노련한 주부, 중간 관리자의 역할, 능숙한 드라이버로 거듭난 세월인데 요가는 여전히 초보 딱지를 붙이고 있다.

누구나 어리숙하고 부족한 시기는 존재한다. 이리 부딪히고 저리 부딪히고 발걸음도 못 떼는 아이처럼 제구실을 못한다.

당연한 사실이다. 그런 나를 옆에서 추임새로 격려해 주고 위로해 준다면 자신감을 가지고 일어설 수 있으리라.

시작부터 잘한다면 초보라는 말 자체가 없을 거다. 그렇게 넘어지고 깨지는 시간을 견뎌내고 버티다 보면 어느새 한 사람의 몫을 해내게 되고 더 나아가 누군가를 도와줄 수 있는 수준이 된다. 아이러니하게도 그 수준이 되면 자기가 초보였던 시절을 잊게 된다.

살아가면서 초보 시절인 상대방을 위해 내가 먼저 손 내밀어 칭찬해 주고 힘을 북돋우는 넉넉한 사람이 되고 싶다. 시련이 연습이고 살아있음이 축복임을 알 때 지혜와 행복이 찾아 드는 게 아닐까.

진정한 승자는 하고 싶은 일에 애쓰면서 내공을 가지고 노력하는 사람이다.

어쩌면 초보 시절을 영영 벗어나지 못할지도 모른다. 그러나 마음만은 노련한 승자다. 한계점을 향해 늘 견디고 버텨

내는 마음으로 오늘을 산다.

아름다움이란 견뎌내는 사람이다. 고로 초보 시절을 견뎌내고 있는 나는 아름답다.

Part 5

나의 봄날은

마음의 소리를 듣는 것, 마음을 보살펴 주는 것, 그것이 보이지 않는 미래를 꽃밭으로 잘 가꾸어 가는 방법이리라. 나만의 꽃밭을 잘 가꾸어 가다 보면 살맛 나는 세상이 되리라.

심미안審美眼 수업

"엄마, 정말 고급진 자개장 세트가 재활용 더미에 있어요. 너무 아까워 문갑을 주워왔어요."

"그래? 사진 찍어 보내줘."

깜짝 놀랐다. 내가 결혼할 무렵엔 이 자개장은 아주 고가高價여서 어쩔 수 없이 값싼 호마이카 장을 대신 마련했기 때문이다. 더군다나 전주의 명품 가게 제품이어서 눈이 더 휘둥그래졌다.

조소과를 나온 딸이 리폼하여 소품으로 장식한 걸 보고 또 한 번 놀랐다. 자개장은 세밀한 수공을 완벽하게 거친 것이어서 가구이기 전, 예술이었다. 일일이 수작업으로 만든 작품이라 왠지 더 벅찬 감동이었다. 인간의 흔적이 남긴 것들을 마주했을 때 이렇듯 감동이 오래간다.

요즘 윤광준이 쓴, "심미한 수업"이라는 책을 읽었다. 사진, 미술, 음악, 건축, 디자인에 이르기까지 글 잘 쓰는 사진작가다. 그는 일상을 아름답고 풍요롭게 즐기는 '딜레탕트(예술애호가)'이기도 한 작품 세계는 많은 울림을 줬다.

'시간을 이겨낸 힘이 있다.'라는 문장이 생각났다. 그 장인이 빚어낸 수많은 수련과 인내와 열정이 아우러진 그 시간이 빚어낸 결과가 이런 예술품을 만들어낸 것이리라.

'낡고 허름해도 한 사회가 익숙하게 경험해 온 것들은 고유의 미감이 있다'고도 했다. 오히려 화려함이 아니라 편안함으로 사람들을 끌어당겼다는 부분에 공감했다.

며칠 전에 시골에서는 보기 드문 저택 같은 집을 내방한 적이 있었다. 현대식 공법으로 지은 집이어서 통 창으로 잘 다듬어진 정원이 보이고, 넓은 거실에서는 실내 음향이 흐르는 그 공간, 알맞은 에어컨 시스템 등, 그러나 꽉 막힌 밀폐 공간이 나를 억누르는 것 같았다.

우리 집이 떠올랐다. 담이 없는 회양목 너머로 보이는 고속도로가 마치 우리 집 담장 같았다. 유유히 차들이 왕래하고 철마다 논에서는 산수화를 보듯 살가운 정경들, 안방 앞 문과 뒷쪽 문을 열면 곧장 맞바람이 들어온다. 툇마루에 앉아 상사화가 뾰족이 고개 내미는 모습과 노랑나비의 춤사위를 볼 수 있는 잔디밭도 있다.

낡고 불편한 한옥이지만 아기자기한 정취와 시공時空을 아우르는 배치와 형태는 안정감과 편안함을 준다. 기와와 추녀로 이어지는 곡선의 너울거림이 양옥의 각진 단조로움을 한 방에 날려버리는 듯했다.

비 오는 날의 낙숫물 떨어지는 고즈넉한 소리도 삶의 잔잔한 행복으로 이어진다.

또, 지은이는 '좋아하는 일은 스스로 선택이어야 의미가 있다'고 했다. '예술의 일상화란 거창한 게 아니고 매일 먹는 끼니의 그릇을 더 아름다운 것으로 놓고, 들리는 음악을 자신의 선택으로 채우는 것'이라고 했다. '그 선택의 기준을 갖게 되는 것이 곧, 심미안審美眼이다'고 했다. '아름다움을 파악하는 행복이 선순환이 시작된다면 삶이 지루할 틈이 없다.' 고도 했다.

'어떻게 가치 있는 것을 알아보는가'란 화두로 삼은 '심미안 수업'을 읽고 유명한 세계의 건축과 가우디의 건축 밑바탕에는 '환대의 정신'이 있음을 알았다. 공들임 정도가 지극하다는 점도 새삼 깨달았다.

세계 굴지의 건축가 코르뷔지에도 자신이 마지막으로 살고 싶은 집이 4평이 안 되는 아주 작은 집이어서 나에게는 전혀 반전이었다. '평범하고 단순한 집, 지대가 높아서 창문으로 밖의 풍경이 온전히 눈으로 들어오는 곳, 좀 더 단순화하여 누리고 사는 집이어야 한다.'고 했다.

그런데 물질 만능의 시대인 요즘, 우리는 집에 눌려서 사는 건 아닌지, 또한 부富의 축적을 상징하는 건 아닌지….

'집은 삶의 보석상자여야 한다.'는 말이 떠올랐다.

자기 자신에 대한 관심, 자신과 함께하는 이들에 대한 관심, 자신이 살고 있는 시대와 사회에 대한 관심이야말로 심미안을 갖게 되는 계기가 아닐까? 6강으로 엮어진, 우리가 가지고 있는 본능을 깨우는 강의가 거친 삶을 사는 나를 깨우는 것 같았다. 이 책의 교양 수업이 더한층 심미안의 세계로 나를 들어오게 했다.

멈추면 생각나는 것

꽃샘추위가 마지막 기승을 부리고 있었다. 봄바람이 밀어 올린 새순 속에서 황혼의 억새가 시름시름 사위어 갔다. 며칠 전에도 서걱대던 추임새는 간데없고 길옆 땅바닥에 누워 버렸다.

마치 쇠락하여 기댈 곳마저 없는 늙은 내 어머니의 잔상殘像마냥 그렇게 홀연히 사라졌다. 우리 어머니가 자신을 다 던져 밝혔던 촛불이 사위어 가듯.

코로나의 위력이 일상을 앗아가 버린 요즘이다, 잃어버린 일상에 대한 회복을 가늠할 수 없어 모두를 무기력하게 만들고 있다. '사회적 거리'의 감옥에 갇힌 우리에게 이제는 그 단어가 소통 언어가 되어 버렸다.

다행스럽게도 우리 집에서 사회적 거리 두기는 비교적 평온하다. 방문만 열면 확 트인 마당이 있고 마당을 나서면 너른 들판이 있어 심호흡하며 시골 둑길을 걷는다.

밭이랑에 화사하게 핀 노란 갓꽃에 눈길이 머문다. 논에는 이삭이 패인 청보리가 파도로 일렁이고 있다. 종달새는 이리저리 바람과 술래놀이하듯 재잘댄다. 시냇물 소리 졸졸대는 냇가에는 왜가리 두어 마리 물속 제 그림자를 쫓고 있다.

예전의 일상을 잃어버린 나는 둑길을 걷는 게 새로운 일상이 되었다. 걸으면서 그려보는 내 가족, 이웃을 비롯한 내 주위를 돌아보았다.

혜민 스님이 쓴 '멈추면 비로소 보이는 것들'에서 인생을 '하루하루 버티지 않고 사는 비법, 그것은 바로 일단 멈추는 것.'이라고 했는데 우리 모두 이제서야 멈췄다.

자연 회복, 지구의 상실 등 많은 문제를 야기했던 이번 사태는 인간성 회복과 자연과의 상생이라는 큰 모토를 던져준다. 바이러스가 초래한 전례 없는 고립을 겪으며 우린 깨달아가고 있었다.

'마음의 아름다움에서 우러나오는 향기, 즉 심향心香만이 평

화의 길이요, 인체에 쌓인 독소와 우주에 만연한 독소를 해독하는 유일한 약이다.'

엘리엇의 말처럼 절박한 우리에게 던져주는 메시지가 생각났다.

'베풀고 측은하게 생각하고 절제하고 자연 그대로 흘러가는 대로 내버려 두는 것, 그것이 샨티(평화)라는 메시지다.' 엘리엇의 부연적인 이 글이 가슴에 와닿았다. 이런저런 생각 속에 '심향'은 명상 속에 나를 잠기게 한다.

동물, 식물, 미생물 등, 모든 생명체가 공동으로 소유하고 함께 살아가는 '공동의 집'이 지구다.

세대와 성, 이념과 빈부의 차이도 평등으로 배분한 이 코로나 사태에서 우린 다 같이 공존해야 한다. 끝내 서로에게서 분리될 수 없는 시공간 속에 서로가 안녕해야 모두가 안녕할 수 있음을 알았다.

지난가을에 보여줬던 늠름한 억새가 인간이 놓은 쥐불놀이에서 한순간 재로 변했다. 무채색의 무덤이었다. 그러나 까만 그 속에서 조금씩 푸른 싹이 돋아났다. 절망의 재 속에서 봄 햇살이 잠들어 있는 생명을 깨우듯.

아주 작은 새잎 순은 희망을 이야기하고 있었다. 마치 우리에게 어떻게 살 것인가, 어떻게 사랑할 것인가를 고민하라는 듯 말이다.

나의 봄날은

“여보, 오늘이 벌써 금요일이야.”

“어, 언제 그렇게 됐지? 난, 수요일인 줄 알았네.”

인생의 2막을 시작한 지도 어언 4년째, 종종 이런 대화로 하루를 시작하곤 한다.

누군가는 ‘나이 들어감은 늙는 게 아니고 익어가는 거’라고 말하지만 세월이 참 빠르다고 느낀다. 그래서 세월은 60대는 60킬로, 70대는 70킬로로 달린다고 했을까.

나도 며칠 전, 나이 익어감을 체험했다. 둑길을 걷는데 그 밑 농수로에 무더기로 버려진 폐기물과 폐비닐 장판이 보였다. 한두 개가 아닌 트럭으로 옮겼을 분량이었는데 며칠 사이에 다른 쓰레기도 버려진 상태였다. 걸을 때마다 거슬리는 그

쓰레기는 3년이 지나도록 그대로였다. '저러다가 홍수라도 나면 어떡하나!' 걱정을 했다. 해마다 벌이는 '하천 재정비 사업'이라는 자연 보호 캠페인이 있을 때마다 기대를 했지만 그곳은 늘 사각지대였다.

어느 날, 사진을 찍어 읍사무소에 제보를 했다. "다 치웠습니다."라는 대답이 왔다. 기대를 하고 현장에 산보를 나갔다. '아니, 이럴 수가!' 반에 반절도 치우지 않고 다 치웠다고 했다. 재차 묻는 나에게 사진까지 확인했다고 자신 있게 담당자는 대답했다. 그분에게 나머지 분량은 다음에 할 거냐고 점잖게 에둘러 말했지만 속으로 부글부글 화가 났다. 다른 방법으로 항의할 수 있었지만 한 번 더 생각했다. 담당자가 사태를 짐작했던지 현장에 가서 직접 조치하겠다고 했다.

다음날, 확 바뀐 농수로를 보니 십 년 묵은 체증이 내려간 것 같았다. 얼마나 깨끗했으면 밥알이라도 주워 먹을 정도로 말끔해졌다는 느낌일까.

어차피 장비를 들여 와 치워야 했는데도 눈가림하듯 치운 그네들의 행동은 공분을 살 만했다. 아마도 짐작컨대 민원을 받은 사람이 농수로의 쓰레기를 치우라고 다른 사람에게 지

시 했을 것이다. 현장을 둘러본 후 오늘 본 결과를 만든 것 같았다. 이렇게 사진 한 장으로 확인하고 책임을 다했다고 하는 이 작태가 탁상행정의 현주소였다.

어쨌든 그 일로 받은 스트레스가 한순간에 풀렸다. 나는 담당자에게 고맙다는 문자를 넣었다. 그걸 치우면서 나 같은 진상進上민원인 때문에 불쾌했을 그분들의 마음이 생각났다. 군청 홈페이지에 있는 '칭찬합시다'에 '마이더스의 손, 읍사무소 환경 미화팀!'이라고 칭찬 글을 올렸다.

그런데 더 놀라운 일은 며칠 후, 쓰레기만 치워졌던 그 일대가 농수로답게 재정비되어 있었다. 나는 끝까지 규명하는 방법 대신에 칭찬하는 길을 택했으니 이만하면 잘 익어가는 중이 아닐까?

최근에 있었던 일을 계기로 나를 돌아봤다. 다행히 감정을 누그러뜨리고 한발 물러서 나잇값을 가늠해 보는 일도 나이듦의 미학이라는 생각이 들었다. 신문 속에 눈에 띈 이 시가 가슴에 와닿았다.

너, 나 사랑해
묻질 않어
그냥, 그래.
그냥 살어

– 황지우의 '늙어가는 아내에게' 中 일부 –

사랑한다고, 사랑하냐고 묻질 않아도 그냥 그렇게 살아가는 나의 일상.

점점 하얗게 변해가는 남편 머리도 머리지만 그의 흰 눈썹만큼은 그냥 둘 수 없어 가위를 잡았다. 한 올 한 올 자르며 금쪽같이 아끼는 검은 눈썹, 하지만 어쩔 수 없이 덤으로 따라와 잘리는 검은 눈썹에도 끌탕 하지 않고 그냥 그렇게 살아야 하리라.

그의 검버섯이 하나둘 보일 때마다 큰일이 난 것처럼 호들갑을 떨었지만 이제는 세월에 순응하며 '그래, 그렇게 사는 거야.' 체념 아닌 체념도 하고 포기할 것은 빨리 포기하는 것도 나이 듦의 미학일까?

'꽃이 피면 같이 웃고 꽃이 지면 같이 울던….'이란 "봄날은 간다"라는 가사처럼 그 봄날이 이렇게 가고 있다.

'동우삼여董遇三餘'라는 말에는 마지막 노년이 여유로워야 하는 뜻이 담겨 있다고 한다. 그때는 보이지 않았던 것이 보였다. 흐르는 물처럼 다시는 되돌아오지 못하는 시간을 확인하며 소중하게 갈무리해야겠다. 아침에 눈을 떠 기지개를 켜는 시간에 다시 눈 뜸을 감사하며 살자. 움켜쥐지 말고 손을 펼 수 있는 아량도, 또한 흘러내림에 연연하지 말고 살자.

나는 인생 2막에서야 비로소 자기 주도적인 인생을 살고 있다. 그렇게 살다 보면 이 세상을 하직할 인생 3막을 맞는다. 인생은 드라마처럼 1막에서 2막을 준비하고 2막에서는 3막을 준비해야 한다. 노을이 곱게 드리워진 수평선 너머로

해가 지듯 이렇게 일생을 마무리하고 싶다. 선운사의 동백처럼 선연한 아름다움을 간직한 채 '툭!' 떨어지는 꽃잎처럼 지고 싶다.

봄은 색들을 데리고 온다. 봄까치꽃은 연보라, 수선화는 노랑, 튤립은 빨강 등….

봄볕에 하나둘 피어나던 봄꽃들이 점차 색의 향연을 마치고 있다. 그 색이 머문 가지에 봄이 다른 색으로 피어나고 있다. 봄은 또 오고, 꽃은 피고 또 지고 피고, 그리운 날의 기억 속에 나의 봄날은 이렇게 간다.

오늘 돋는 풀잎처럼 내일을 기다릴 수 있다면 그 풀들이 사위어가는 모습을 보며 푸르렀던 지난날의 기억을 말할 수 있으리라.

나의 봄날은 그렇게 피고 지고 또 피고 갔었노라고.

맞춤 노래방

"버들잎 외로이 이정표 밑에 말을 매는 나그네야 해가 졌느냐.~ 중략

꿈에 어리는 꿈에 어리는 항구 찾아가거라."

그날도 우리 집 툇마루에서 동네 아주머니들의 흥겨운 술판이 벌어졌을 때, 어머니는 이 노래를 부르셨다. 어머니는 기회 있을 때마다 이 곡을 꼭 불러서인지 어머니의 노래로 떠오른다.

우리 시대의 어머니들은 다 그렇게 힘들게 사셨다. 어머니에 관한 노래를 들으면 공감되는 부분이 많다. 우리 어머니도 그렇게 살던 분이셨다.

웰 다잉 교육 시간에 한 강사가 말했다.

"여러분들의 자녀가 훗날 여러분을 기억할 때 우리 부모님의 애창곡을 기억할 수 있을까요? 여러분들은 늦기 전에 자녀에게 부모를 떠올릴 수 있는 노래 한 곡씩 만들어 주세요."

바쁘다는 이유로 각박하고 삭막하게 살아왔구나, 내 노래라고 내밀 수 있는 한 곡을 정해 부른 것이 없었다. 커다란 공허감이 밀려왔다. '그래, 이제부터다!' 기회가 생기면 자주 불러야겠다.

내가 정년을 맞았을 때, 가족끼리 축하 모임을 할 때였다. 지난 삶이 집약된 노래가 바로 이 노래여서 노사연의 〈바램〉을 불렀다. 그런데 사위, 며느리, 손자들의 시선이 집중되는 순간, 가사를 잊어 버벅거리며 제대로 부르질 못해 '차라리 부르지 말걸' 하고 후회를 했다.

올해 초, 남편 생일이라 가족 모임이 있었다. '이번에는 틀리지 말고 잘 불러야지' 하고 〈봄날은 간다〉라는 곡을 연습에 박차를 가해 감정, 박자 틀리지 않게 만반의 준비를 했다. 하지만 그 슬픈 가락 때문에 분위기를 망쳤다.

다행히 첫째 사위의 기지로 모면했던 기억이 있다. 조금은 당황하고 미안했지만 그럴수록 나의 노래를 꼭 만들어야겠다는 다짐을 했다.

이렇듯 노래는 한때는 반짝거렸던 것들, 기억들, 시간들, 세월들로 엮어진 채로 자신의 노래를 떠올리고 감정에 치우쳐 부르는 주관적 매체다. 어느 성스러운 밤의 기억, 눈이 쌓인 추억의 거리, 보길도에서 본, 조약돌의 챠르륵 거리는 그 모든 것들의 맞춤 노래가 있다. 세상에서 나만이 아는 노래로 나를 타이르고 다독이는 위로 받는 노래가 있음은 얼마나 큰 행복인가.

어렸을 때 불렀던 노래, 지금은 유감스럽게도 그 동요가 사라지고 있다. 꿈과 희망이 있고 우리 모두를 어린이답게 아우르게 해줬던 아름다운 노랫말과 곡들이 시대의 조류에 따라 사라지고 있다.

'당신의 인생에서 최고의 시절은 지금부터다' 라는 말이 있다. 내 인생 최고의 시절은 내가 나에게 만들어줘야 하는 것이다. 오랫동안 잊고 있었던 꿈을 찾아주고 식어 버린 열정들, 다시 꽃피우고 춤추고 노래하게 하는 것이야말로 내 노래에 힘을 싣는 것이리라.

인간은 누구나 다 다른 외딴섬이라고 할 수 있다. 그 누구든 탐구할 가치가 있고 노래 속의 주인공이 될 수 있지 않을까? 삶이 허름할지라도 자기만의 방법으로 매일매일 먹고 살 궁리가 되어 있다는 것이 아름답고 그 자체가 성공한 삶이듯 나름대로 노래가 있다. 이렇듯 노래마다 그때그때 삶의 형태와 방식이 있다.

코로나 사태로 인해 주마다 했던 성가 연습도 멈췄다. 몇 달을 침묵 속에 가둬버렸던 그 시간, 조금씩 적응된 때였다.

나는 홀로 둑길을 걸으면서 오랜만에 노래를 불렀는데 쉰 목소리가 나왔다.

충격적이었다. 다음날부터 노래 연습은 계속되었다. 다행히 잊었던 가사와 음절을 기억하고 노력하니 진전이 있었다.

늦게 배운, 〈사랑의 테마곡〉이 마음에 들어 줄곧 연습해 이제는 혼자서도 할 수 있게 되었다.

'내 노래 18번은?'

여러 곡이 물망에 떠올랐지만 즐겨 부르는 나만의 노래 〈사랑의 테마〉를, 내 인생을 각색한 노래 〈봄날은 간다〉, 내가 진솔한 마음으로 사랑하는 사람에게 부르고 싶은 노래 〈그대 없이는 못 살아〉, 이렇게 세 곡을 골랐다.

시공時空마다 각자 미치는 감정에 따라 매번 바뀌고 있다. 그래도 이 노래는 나에게 줄 수 있는 최고의 선물인 것만은 확실하다. 남편과 같이 스위스의 융프라우의 정상에서 리프트카를 타고 내려올 때였다. 눈 아래 펼쳐진 그림 같은 정경 속에서 나도 모르게 이 노래를 흥얼거리고 있었다.

"아 목동들의 피리 소리 들은 산골짝마다 울려 퍼지고 ~ ~"

또, 쿠알라룸프르의 호텔 로비의 색소폰 음율은 귀에 익은 곡이라 나를 멈추게 했다. 눈 쌓인 겨울날 양희은의 〈부모〉 노래는 지난날에 대한 반성문을 쓰게 하며 우리 아이들에게 속절없는 짝사랑을 고백하기도 한다.

어버이날쯤 누구나 들었을 〈어머니의 마음〉은 부를 때마다 코끝이 시큰해지며 회한과 애달픈 사랑으로 우리를 철들게 한다.

이렇듯 내가 찾는 노래는 고민하고 또 고민하게 하지만 인생을 살아가는데 항상 버팀목이 되어 줄 것이다. 내 마음 한쪽에 노래방 하나 만들어야겠다. 실버 노래방이 아닌 온정穩庭 노래방을 만들어 소중히 가꿔 가야겠다.

사랑의 테마에 나오는 가사는 정녕 그리움, 오랜 기다림,

정녕 외로움이라는 형태가 다른 사랑이지만 살고 싶은 인생이 노래로 펼쳐지는 것이 아닐까.

얄궂은 그 노래에 봄날이 가듯이.

인생 보험

"크읔 쿠~ 크욱 쿨!~"

수업을 시작하자마자 들려온 소리에 일순간 정적이 흘렀다. 맨 앞에 앉은 60대 후반인 아저씨가 책상 위에 엎디어 잠이 들었다. 옆에 앉은 어르신이 한 말씀 하셨다.

"쯧쯧, 엊저녁에 치매 걸린 어매 때문에 또 잠을 설쳤구먼."

그 말씀에 다들 고개를 끄덕이며 안쓰러워했다. 요즘 다녔던 요양 보호사 자격 취득반에서 있었던 에피소드다.

자격증이 유효하다고 하여 합류한 그곳은 또 다른 학습장이었다. 30대에서 80대까지의 연령대는 물론 직업도 다양했다. 가족 요양비가 있어 많은 사람이 등록했다. 남편이 파킨슨 병으로 십 수년간 병환 중이어서 절박한 심정으로 온 74세

남산리 할머니는 이곳에서는 모범생이었다. 먼 곳에서 살지만 언제나 일등으로 오고 예습 복습을 제일 많이 해왔다.

88세인 치매 어머니를 위해서 온 67세의 아저씨는 야간반이지만 도시락을 두 개나 싸 와 우리 반의 터줏대감이었다. 부인이 암 투병 후, 그를 위해 간호하겠다고 온 75세인 전직 교수님도 있었다. 이제는 자기가 아내에게 헌신하겠다고 소감을 밝혔다. 생활비를 보태겠다고 온 젊은 전업주부, 그중에서 몸져누운 부인을 위해 세 번째 시험에 도전했다는 83세인 어르신이 눈에 아릿하게 들어왔다. 내가 볼 때는 오히려 본인이 보호를 받아야 할 거 같았다. 각양각색인 스무 명 남짓한 교실 속 풍경은 따듯한 집안 분위기였다.

고구마를 쪄오고, 콩을 볶아 온 새댁, 누룽지 사탕도 책상 위에 놓이고 때로는 맛보기용 울금 한 봉지도 있었다. 상하에서 울금 농사를 짓는다고 특히 요양 반원에게 싸게 주겠다고 했다. 대파 씨, 토란도 가져와서 서로 나누었다. 그곳은 시간이 지날수록 살가워지면서 가족 같았다.

한쪽 다리를 절면서 뒤뚱거리는 해리 아주머니는 용어가 어려워 연신 물어봤다.

시골 교회 목사 부인인데 자격증이 꼭 필요하다고 하였지만 아무래도 시간이 오래 걸릴 것 같았다. 그분이 이해가 갈 때까지 몇 번이나 설명하시는 강사를 보면서 문득 교감 자격 연수 시절이 떠올랐다.

교단 생활의 끝자락에 선정된 교감 자격 연수 시간에 나는 팽팽한 젊은 백조 속에 낀 한 마리 흑조였는지도 모른다. 일찍부터 승진에 박차를 가한 젊은 후배들 속에 난 늦깎이 연수생이었기 때문이었다.

교감 승진은 언감생심, 교사로서 마칠 거라 생각하고 무관심했다. 뜻하지 않은 생소한 과정이야말로 수난의 시간이었다. 시간이 흐를수록 암담했다. 절박했지만 성적은 거꾸로 나이순이었다. 더구나 나는 정년이 가까운 나이라 교감 경력이 6개월만 더 있어도 교장으로 마칠 수 있었기에 최선을 다했지만 어쩔 수 없었다. 후회막급한 그때가 생각났다.

"아까막시 시험 칭거 잘 나왔능 가?"

"아니, 간당간당 혀, 요상허게 틀닝게 또 틀린당께."

"모내기 철인디 참말로 무단시 시작했구먼."

가만가만 얘기하지만 다 들렸다. 특히 답안지에 컴퓨터용 싸

인펜으로 마킹할 때는 보는 나도 가슴이 조였다. 평생 농기구만 잡았을 투박한 손이었기에.

동병상련이라는 말이 떠올랐다. 나름대로 힘이 되고자 그분들을 도왔다. 위로의 말밖에 할 수 없지만 응원하는 마음은 절대적이었다. 이 공부는 은퇴 후에 공백을 깬, 첫 번째 도전이었다. 말보다 마음을 들을 줄 알고, 모습보다 마음을 볼 줄 알고, 조건보다 마음을 품을 수 있었던 그 시간.

'인생에는 수업료가 있다. 귀한 것을 얻기 위해서는 반드시 대가를 치러야 하고 기약이 없는 인내를 해야 할 때도 있다. 대가를 크게 치룰수록, 오래 기다리고 오래 배울수록 인생은 깊고 넓어진다.'는 말이 떠올랐다.

내 인생에 또 다른 보험 하나 들었다. 보험은 안 들면 불안하고 들으면 안 탈수록 좋다는 이율배반적일 때도 있다. 하지만 미래의 직면한 위험에 대비하기 위해 나의 도전은 값진 시간이었다. 낼 모래에 발표할 합격자들 속에 그 어르신들이 환하게 웃으시는 모습을 기대해 본다.

두런두런, 웅성웅성, 깔깔거린 그 뭉근했던 소박한 마음이 웅숭깊게 피어나길 고대한다. 잔설殘雪이 있었던 이월부터 시작한 공부가 이제야 끝났다. 엊그제 모내기한 논이었는데 벌써 땅심 받아 제법 파랗게 색을 입히고 있다. 노랗게 핀 금계국이 출렁이는 둑길이 떠올랐다.

오늘은 왜가리들이 지심 매는 둑길을 걸어볼까나.

인생 보험을 들었으니 오늘 둑길은 더 걸을 것만 같다.

가을을 담다

'어, 너무 늦게 심었나?'

이웃이 심어 놓은 마늘은 싹이 한 뼘이나 올랐는데 늦게 심은 탓으로 우리 밭에는 서너 개의 싹만 뾰족이 나왔다.

'식물의 파종은 적기가 10일이라 했지?'

혼잣말이 나왔다. 그러는 사이, 제멋대로 자란 호박 넝쿨 사이로 늦게 연 호박이 눈에 들어왔다. 두 덩이를 들고 밭 가장자리를 걸어 나왔다. 부랴부랴 심은 배추가 벌써 땅 맛을 알아 초록 잎이 제법 튼실하다. '작물도 날마다 안부를 묻는 농부의 발자국 소리를 듣고 자란다.'고 한다.

요즘 글 짓는 농사에 뛰어들었다. 농부는 알곡이 영글기까지 수개월을 기다려야 한다. 봄에 심은 농작물을 가을에 거둬

들일 때까지 고단함을 마다하지 않고 돌보며 땀을 흘린다.

'하루에 3시간씩 10년만 투자하면 그 분야의 전문인이 된다'는 말콤 그래드웰의 《아웃라이어》에 나오는 '만 시간의 법칙'이 있다. 지금 나는 하루에 1시간도 투자할 엄두도 없는 의지지만 조금씩 변화하고 싶다.

지금 내 나이는 인생 시계로 오후 7시 경이다. 하루 일을 마치고 저녁 휴식을 즐기는 그 시각 같은 아름다운 60대가 끝나가고 있다.

뜨거운 오후 뒤, 일몰이 찾아오듯 나의 인생에도 일몰이 찾아온다.

어두운 새벽이 있어야 태양이 떠오르고 일출이 찾아온 뒤에야 멋진 노을도 볼 수 있다는 것은 분명하다.

그렇다! 아직은 내 인생 2막이 시작되는 새로운 출발점이니까 더 아름다운 노을을 만들기 위해 노력하자. 그래서 멋지게 사는 건강한 삶을 준비하자고 나에게 다짐해 본다. 궁핍했지만 사랑으로 보듬어준 부모님 덕분에 오히려 인동초 같은 끈기를 배웠다. '초년고생은 사서도 한다는 말'이 있듯.

중반의 지난至難한 과정도 무사히 마칠 수 있었던 것은 오로지 가족의 헌신적인 사랑이 아닐까. 후반의 윤택한 삶을 향해 오늘도 일상을 아우르며 알차게 살아야겠다.

노년이란 말은 '숙년熟年'이라고도 하지만 '만년晩年'을 더 좋아한다고 했다. 만년이란 나이에 관계없이 가능하며 일종의 시적인 정적과 우아함을 풍긴다고 했다.

소노 아야코의 《나는 이렇게 나이 들고 싶다》에 나오는 말을 떠올려본다.

지금 시작하지 않고는 아무것도 이룰 수 없다. 늦었지만 부족한 대로 시나브로 나아가자. 나만의 가을걷이는 내 인생의 만추晩秋로 이어지고 있다.

혹한의 계절 앞에 선 마지막 채비의 단풍은 원망과 증오의 몸부림이 아니라 아름다운 작별을 위한 찬란한 배려이듯 이런 가을을 만들고 싶다.

계절이 세 번이나 바뀐 가을 들녘은 오곡백과가 무르익고 있다. 초록이 지쳐 단풍 든 그 자리에 황금물결이 일렁인다. 요즘 남보랏빛 나팔꽃이 한창이고, 그 곁에는 억새들이 손끝을 펴고 있다. 또, 무성하게 뻗어간 칡넝쿨 사이로 꽃무릇 몇 송이가 얼굴을 내밀고 있고, 때 만난 참새와 까치들이 제각각 목소리를 부풀린다. 자박자박 걷는 내 발 앞에서 푸드득 날아온 메뚜기 한 마리. 때때시 업은 딱깨비도 눈에 들어온다.

모든 삼라만상이 자기 외길을 살아가듯 나 또한 그러하리라.

문득 하늘을 올려다본다. 오늘따라 눈이 부시게 하늘이 푸르다.

'눈이 부시게 푸르른 날엔 그리운 사람을 그리워하자'는 시를 읊은 시인처럼 그 하늘 속에 그리운 사람 하나를 그렸다. 이 가을을 이렇게 내 삶 속에 담았다.

당신 덕분에

"띵동띵동!"

13층 할머니가 헤벌쭉하니 웃고 있었다.

'어, 또 엘리베이터 버튼을 잘못 누르셨네.'

그분이 무안해할까 봐 얼른 엘리베이터를 다시 눌러 위층에 모셔다 드렸다. 할머니는 매번 이런 실수를 하셨다.

위층 사는 분이 시골에 사는 할머니를 모셔온 지 1년이 다 되어 가는데 그분은 아직도 적응이 안 됐다. 그나마 그분 며느리가 장사를 시작해 혼자 있다 보니 나왔다가 다시 들어갈 때마다 이런 실수를 하셨다.

"덕분에 잘 왔소~잉, 고맙구먼유."

언제나 그분은 '덕분에'가 접두사였다.

연로한 시어머니와 합가한 위층 며느리는 피로에 지친 탓인지 늘 어둡고 무뚝뚝했다. 생활에 혹과 같은 그분의 존재는 살갑지 않았는지도 모를 일이다.

그러나 며느리와 달리 그분은 언제나 며느리 칭찬을 했다.

"이거 나 묵으라고 챙겨 놨구먼, 덕분에 만나게 묵었소~잉."

"울 며느리 나 땜시 참 욕 보 요~잉."

까맣게 타버린 주름투성이의 모습 속에 할머니의 궤적이 보였다. 합쭉한 입을 벌리며 작은 눈이 더 작아질 때는 지장보살이 짓는 자애로운 모습이다. 어느새 할머니가 말끝마다 달고 사시는 '덕분에' 라는 말을 나도 모르게 자주 쓰고 있었다.

시어머니를 모시고 사는 나도 남의 일 같지 않아 관심이 갔다. '성 안내는 그 얼굴이 참다운 공양구供養具요, 부드러운 말 한마디 미묘한 향이로다.'란 불경 문구가 생각났다. 문수보살임을 모른 무착에게 들려준 균제동자 게송에 나온 말이다.

할머니는 '덕분에'란 말 보시報施 때문인지 평안하게 삶을 하직했다. 영면하기 전날, 목욕한 후 저녁 식사 마치고 잠자듯이 말이다.

"덕분에 잘 살고 가는 구 먼. 잘 있으쇼~잉"

자꾸만 마지막 말씀이 이 말 같아 내 귓가에 맴돌았다. 그래서인지 난 그 '덕분에'라는 호칭을 제대로 사용한 적이 있다.

1년에 여름과 겨울 두 차례 모이는 교우회란 부부 동반 모임이 있다. 20여 년 동안 이어온 그 모임은 남편의 교장 자격 연수 때 모임이다. 서울을 제외한 각 도에서 차출한 연수라 말 그대로 전국에서 모였다. 1박 2일 동안 주최하는 모임이지만 각 지역에서 나오는 특산물이 사모님들을 즐겁게 했다. 입, 눈, 귀가 즐거운 그 모임 때 '사모님들 만의 방' 작명을 얘기한 적이 있다.

나는 모임 이름을 남편 덕분에 이렇게 좋은 인연이 됐으니 '덕분에' 라고 하자고 했다. 그 말에 모두 웃으며 찬성했다.

"남편!"

"덕분에!~~"

첫 건배사로 시작된 우리들의 여흥은 밤 깊도록 이어졌다.

덕을 나눈다는 그 '덕분에'라는 세 글자의 말 한마디에 행복과 기쁨을 나눌 수 있어 좋다. '말에는 마법이 들어 있다.'는 아나스 로에일의 말이 있다. '덕분에'라는 마음으로 세상을 바라보면 내 주변에는 좋은 일만 가득하고, '탓'이라고 생각하면 불행과 원망이 따라붙게 마련이다.

자신이 말한 대로 생각하게 되고 행동하게 된다. 상대방의 수고와 배려를 인정해 주는 말이기 때문에 더 기분 좋은 이유가 된다. '탓'이라는 부정의 말보다 '덕분'이라는 감사와 긍정의 말로 마음먹기를 변화시켜 봐야겠다.

'네 마음속 빛을 좇아라. 당신 안에는 변함없는 영원한 존재가 있다.'

그 말처럼 그저 나 자신으로 '지금 여기'에서 행복해지라고 말이다.

'당신 덕분에 잘 삽니다!'

'당신 덕분에 행복합니다!'

길 위에서

"벌써 댕겨 오능 갑네!~"

옆집 매실댁이다. 아흔이 다 된 그분은 바지런하고 의지가 대단하여 시계같이 움직이신다. 요즘 매일 만나는 아침 산책길의 동무다. 한낮의 더위는 옴싹달싹 못하도록 선풍기가 나를 붙든다.

모처럼 늘 다니던 요가 센터가 방학이라 새벽 운동을 시작했다. 희붐하게 날이 새면 집을 나선다. 천변 둑길에는 볼거리가 많다. 파릇파릇한 모가 여름이 깊어갈수록 들판을 초록세상으로 만들었다. 발에 차이게 나온 넝쿨 속 호박꽃은 초록색 이파리 속에 흐벅지게 자태를 드러낸다. 일찍 일어난 왜가리의 비상도 보고, 칡넝쿨 속에서 숨바꼭질하는 종달새는 물

안개 어린 풀숲에서 조잘댄다.

어제 아침에 만났던 지렁이가 오늘은 길 가운데에 죽어있다. 가던 길에 잠깐 본 그 지렁이가 끝내 다 건너지 못하고 압사한 것이다. 지렁이의 외출이 빚은 죽음은 나에게 교훈을 준다. 기회 있을 때 더 재빠르게 나아가라는 뜻일까 아니면 좀 더 신중하게 처신하라는 뜻인지 모를 일이다.

'우워-어 우--워어!'

황소개구리의 둔탁한 울음소리도 듣고 낯익은 새들의 노랫소리에 삽상한 기운이 감돈다. 미물들이 살아가는 천변 세상에서는 나는 외지인이 되어 가만가만 길 위를 간다. 나 또한 인생을 살면서 저 미물과 같은 처세는 없었는지 길 위를 걸으며 사색에 잠긴다.

우리 동네 노인들이 손수레에 의지하여 걸음을 옮기는 풍경을 자주 본다. 자식들이 떠난 고향 집을 지키며 홀로 사는 노인들의 모습은 나를 여러 가지 생각에 잠기게 한다. 어차피 나도 그 강을 건너야 하니 늘 관심이 간다.

"쾅, 쾅, 쾅 쾅 쾅!"

매실댁이 두들기는 빨래 방망이 소리가 오늘따라 유난히

더 크게 들린다.

'그분이 기다렸던 큰딸이 오늘 오려나!'

꼿꼿한 허리, 백발에는 윤기가 나고 두들기는 소리가 어쩐지 힘이 들어 있다. 나도 그분처럼 홀로 설 수 있도록 소신껏 건강하게 살아야 하리라. 일찍 혼자 되어 4남매를 건사했던 그 세월의 더께를 걷어내고 저렇게 정정하게 서 있는 매실댁의 모습이 경이롭다. 더 움직이고 더 머리 쓰고 더 베풀며 항상 즐겁게 살자.

새벽에 일어나 풀 한 포기 허투루 없이 텃밭을 풍요롭게 가꾸는 매실댁의 성실한 삶이 나를 이끈다.

흐르는 시냇물 소리를 들으며 타박타박 걸었다. 한참 동안 가만히 서서 여름이 가는 소리를 듣는다.

바람이 스치며 지난 자리에 여름 풀꽃이 피고 진다. 길 위에서 내가 걸어야 하는 삶을 반추하며 찬찬히 나를 들여다본다.

무심히 가는 도중에 올해 처음 본, 유홍초가 나를 반긴다. 이 꽃을 피우기 위해 지난 늦가을부터 오랜 침묵을 했으리라. 햇볕과 바람이 한가득 들어오고 눈비가 몰아쳐도 오롯이 경험했으리라. 비로소 주홍빛 별 모양의 꽃을 피웠음을….

척 로퍼의 "나는 들었다"의 시 한 구절이 떠올랐다.

'작은 것들의 아름다움에 귀를 기울여라.'

나는 이렇게 길 위에서 묻고, 길 위에서 답을 찾고, 길 위를 간다.

아직 내게는 시간이라는 선물이 있기에 묵묵히 내 길을 간다.

거울 속의 나

우리 집에는 거울 두 개가 밖에 걸려 있다. 뒤란 수돗가 옆에 걸린 거울은 우리가 결혼할 때 남편 반 아이들이 준 거울이다. '축 결혼'이라고 쓴 글씨가 비바람에 다 지워지고 빛바랜 나무 테만 있다. 강산이 몇 번이나 지났건만 아직도 거울의 소임을 다 하고 있다.

또 하나는 큰 애가 대학생이 되어 아현동에 살 때 책상과 같이 사준 것인데 테가 예쁘다. 그것은 지금도 신발장 옆에 있다. 그 거울은 앞을 지날 때 멋진 추임새를 보내며 나를 불러들인다. 거울에 나를 비춰보며 살포시 미소로 화답和答한다.

이렇듯 매일매일 거울을 본다. 거울 속에 비친 내 모습을 오래오래, 찬찬히, 한참 동안, 깊이 흐르는 시간 속에서 나를 찾는다. 때로는 '이게 나일까?' 자문하면서 여느 때는 전혀 생소한 내 모습을 보며 갸우뚱거리기도 한다.

유년기는 거의 기억이 없다. 소년, 중년, 노년에 들어서서 바라보는 거울 속의 나, 수많은 기억 속에 내가 떠오르고 거울 속에서 나를 연출해 보곤 한다. 더 자세히 보이고 사실화 시킨 것은 역시 사진 일게다. 사진 속의 나는 지난 기억을 충분히 생각나게 한다. 요즘 사진 찍기가 겁이 나 사진 찍는 걸 거부한 적도 있다.

이렇게 세월은 흘러 반백의 나, 지난날들이 무수히 떠오르고 있다. 내 모습에서 어떤 모습을 기대할까? 나이가 들어감에 따라 현실을 직시하며 오늘의 나를 가만히 들여다본다. 문득 '늙는다'는 것도 순리적으로 그다지 어렵지 않을 터 그러니까 여기까지 왔다.

무수한 성숙의 과정을
단단하게 앞서가신 부모님, 할머님

그들을 보노라면
다시 한번 고개 숙여 존경을 표한다.
태연하게 늙어간 세상의 어른들이 새삼 경이롭다
- '누구나 꽃을 품고 산다' 中에서-

이 시에서 나이 들어감을 '무수한 성숙의 과정'이라고 했다. 삶의 애환을 품고 사는 세상의 어른들이 새삼 경이롭다고 한 까닭을 알 것 같다.

하루하루 노화老化의 과정이다. 이제는 실체보다 본질 속에서 살아야 한다.

삶의 아름다움을 풍요롭게 이끄는 것은 눈에 보이는 현실이 아니라 마음일 것이다.

마음의 소리를 듣는 것, 마음을 보살펴 주는 것, 그것이 보이지 않는 미래를 꽃밭으로 잘 가꾸어 가는 방법이 아닐까. 나만의 꽃밭을 잘 가꾸어 가다 보면 살맛 나는 세상이 되리라.

거울에 비친 내 모습을 이제는 편안하게 보듬어 주는 아량도 여유도 보여 주자. 이마에 생긴 주름 속에는 삶의 경륜을,

윤기 없는 얼굴이지만 말갛게 피어오른 미소로 내일의 희망을 기대해 볼 일이다.

풀잎은 풀잎대로 초록의 서정시를 쓰는 오월 하늘처럼 나만의 시를 지어 보리라.

잘살다 가신 우리 어머니에게 그리움을 담아 한 점 바람에 날려 보내고 싶다.

화려한 꽃 잔치가 끝난 후 초록이 피었다. 햇살은 더 따듯해지고 바람은 더 훈훈해졌다. 오월이면 초록이 짙어지고 숲도 더 깊어진다. 그 숲 모퉁이에서 어머니를 닮은 거울 속의 나에게 애틋함 담아 정답게 불러보리라.

'어머니' 거기에 내 어머니의 모습이, 지금의 내 모습이, 훗날의 내 딸들의 모습이 추임새를 넣을 것이다.

어·머·니! 라고.

그것도 평일 날

평일 날, 그것도 평일 날!

제주도 서귀포 고근산을 오르고 있었다. 가쁜 숨을 크게 몰아쉬면서 심호흡을 했다. 그리고 짧은 탄성이 흘러나왔다.

“아!~”

실로 얼마만인가!

이른 시각 탓인지 인적이 드물었다. 하늘을 올려다봤다. 파란 가을하늘에 뭉게구름이 피어오르고 있었다. 산자락 등성이에는 이슬 머금은 털머위가 군락을 이루고 그새 핀 억새는 갯바람에 살랑대고 있었다.

항상 허덕이며 바삐 움직였던 패키지 여행이 생각났다. 유명한 관광지마다 점만 찍고 다녔던 지난날의 여행이 떠올랐

다. 하지만 오늘은 마을에 사는 이들이 오르는 평범한 오름길을 걷고 있었기에 감회가 새로웠다. 평생에 소원했던 '쉼'이 필요했던 여행이었다. 그래서 나를 유유하게 했는지도 모를 일이다.

우리 시댁에서 해마다 모내기 하는 날은 인부를 한꺼번에 30여 명 정도 불러 모를 심기에 그날만큼은 내 발바닥이 불날 지경이었다. 두 끼는 물론 새참도 세 번이나 내야 하루 일이 끝났다. 인부는 말할 것도 없고 동네에 사는 친척 식솔까지 점심을 먹기에 고무신도 못 신고 뛰어야 할 때도 있었다.

어린 두 딸은 흙강아지가 되어 따로 놀고 온통 먹거리로 종종대다 못해 다리가 아팠다. 그때는 어디 헛간 한쪽에 숨어 종아리라도 주무르고 싶었다. 그러나 나보다 더 힘든 분이 어머님이기에 생각을 아우르며 견뎠던 시간이었다.

그 '쉼'을 지금 보상받는 듯 했다. 급식도 없는 그때 매일 싸는 여섯 개의 도시락은 일주일의 과제인 양 엄습했다. 우리 집에는 그때만 해도 딤채도 없어 여러 통의 김치를 2주마다 담아야 하기에 토요일은 늦게까지 김치 담그는 날이었다. 또, 씻어야 할 도시락통들은 큰 플라스틱 바구니로 가득했다.

'쉬고 싶다, 그냥 쉬면 안 될까?'

아픈 어깨를 내 손으로 토닥이며 잠시 생각하지만 고개를 주억거리며 다시 일어나야 했던 그 시절이었다. 온갖 일로 일 속에 파묻힌 때라 '쉼'은 갈증처럼 다가왔다.

온종일 그냥 누워 '돌체 파르 니엔테.' 이탈리아 언어인 '아무것도 하지 않음의 달콤함.'에 빠져들고 싶었던 지난날을 떠올렸다. 그 '쉼'을 지금 다하고 있는 듯 정말, 정말, 신나는 날을 맞이한 것이다.

매일매일 다가오는 일들이 '산 너머 산이다'라는 말처럼 내 턱 밑에 바짝 다가왔다. 엄마, 아내, 종부, 교사로서 챙겨야 할 일들이 굴레처럼 나를 점점 옥죄어왔다. 그런 나에게 은퇴하면서 얻은 휴식은 평생 받고 싶은 인생의 휴가였을 것이다. 다른 이들은 친정 나들이로 짬짬이 휴가도 얻었지만 종갓집 종부였던 나는 명절 휴가는커녕 오히려 더 힘든 시간이 그때였다.

해거름에 다녀왔던 모슬포 금슬처럼, 반짝이는 바다의 잔잔한 일렁임은 '행복' 연주곡처럼 내 마음속에 퍼져가고 있었다. 삶은 '안단테' 템포를 따를 때 훨씬 멋져 보인다. 지나간 시간은 늘 순간이었고 다가올 시간은 항상 아득하기만 했던 젊은 날이 떠올랐다.

누군가 나를 흔들었다. 이래도 될까? 순간 소스라치듯 일순간 긴장이 일었다.

'아, 그래 이렇게 보상받는 거야. 쫓기듯 살았던 과거를 흘려보내고 이제는 이렇게 잘 쉬는 거야.'

이름 모를 산새가 지저귀고 저 멀리 범섬이 보였다. 수평선 너머에는 고기잡이배가 너울거리듯 지나갔다. 이 고요가 나를 붙들었다. 바삐 오갔던 지난날에 느낄 수 없는 여유가 나를 깨우고 있었다.

한 곳, 한 곳, 점을 찍으며 느긋하게 오감으로 즐겼다. 풍광 좋은 카페에서는 될 수 있는 한 천천히 커피를 마셨다. 쉬멍, 놀멍, 맨드롱 또똣을 즐기는 이번 여행에서 나를 이제야 찾았다.

"봄 햇살이 흙 속에 잠들어 있는 꽃을 찾아서 불러내듯이 유유함을 찾는 거야."

'쉼표를 찍고 내 인생을 그리다.'라고 나름대로 생각해 봤다. 제주의 8박 9일 여행은 오롯이 나를 위한, 내가 갖는, 나만의 쉬는 시간이었다. 지난 40여 년간 시종 시간에 길들어졌던 10분 쉬는 시간이 아닌 내가 살아야 할, 황금보다 더 귀한 시간을 찾았다.

평일 날, 그것도 평일 날!

내게는 살아갈 날이 있다

입춘이 지나 이제 봄기운을 느끼나 했는데 오늘은 한파 주의보까지 내렸다.

한겨울의 추위는 아니어서 옷깃을 단단히 여미고 마당을 나섰다. 옆집 담 가에 있는 설중매가 이 추위에도 도톰하니 꽃망울이 올라와 있었다. 곧 있으면 온통 매화 향기가 가득하리라.

둑길로 올라섰다. 억새가 사위어가며 바람에 서걱거렸다. 문득 며칠 전에 영면한 친구가 생각났다. 아침에 일어나자마자 본 카톡방에 안치환의 '위하여!'라는 동영상이 있었다.

가슴을 열어라, 친구야
앞만 보고 달렸어
숨 가쁘던 발걸음도
네가 있어 이렇게
내가 있어 이렇게
이 순간이 좋구나, 친구야

유난히 순근이와 더 가까웠던 동희가 죽은 그를 애석해하며 띄운 노래임을 단번에 알았다. 올해 들어 웬일인지 가까운 친구인 현상이와 순근이가 이틀 간격으로 세상을 떴다. 우리는 모일 때마다 건강밖에 이젠 없다고 잘 챙기자고 다짐했건만 죽음도 팔자소관인지 다 부질없게 느껴졌다.

"우리의 남은 인생을 위하여 잔을 들어라. 위하여! 위하여! "

노래의 마지막 구절, 내 귓가에 '위하여!'라는 음이 마이크 에코처럼 계속 들렸다.

2월 둘째 주 월요일 아침에는 현상이 부음, 이틀 후 수요일에는 순근이 부음이 문자로 떴을 때 충격이었다. 그렇게 건강했던 그네들이기에.

현상이는 대학 동아리에서 만난 50년 지기다. 동아리에 들를 때마다 방문록 노트에 낙서처럼 남겼던 글로 문집을 만들어줬을 때 그 열정에 놀랐다. 그는 친구이며 교육 동료였다. 동시 분야의 저명한 아동문학가여서 신문에 20여 년 동안 글을 게재한 아동들의 글짓기 선생님이었다.

우리 학교 아이들의 글이 신문에 실리면 사진 찍어 문자로 꼭 보내줬다. 아이들의 글을 전혀 수정하지 않고 그대로 실리는 걸 의아하게 생각한 적이 있었다. 그들의 순수함을 반영하는 우직한 아집도 그의 매력이리라. 교육장 역임 중 그는 '밥상머리 교육'이라는 책을 발간한 연구파이기도 했다.

나에게 '등단작가'라는 간판을 얻게 해준 친구였다.

내가 근무하는 학교에서 '작가와의 만남' 시간을 가졌을 때의 일이다. 초대받은 그는 아이들의 간식을 챙겨왔고 마술을 배워서 시골 아이들에게 깜짝 이벤트까지 하면서 동시에 대해 열강을 했다. 끝나고 점심을 먹는 자리에서 내가 습작한 작품을 첨삭해 준다고 해 주었다. 그 후 낯선 문학지가 배달되어 보니 내 글이 초회 추천이 되어 있었다. 나는 무척 난감했다.

"내가 무슨 작가야, 민망스럽게 이게 뭐야?"

"은퇴 후에 고인 물로 살지 말고 흐르는 물로 살아."

그의 말이었다. 그는 전주에 살고 나는 고창이어서 자주 만나지 못해도 각별했던 친구였기에 그의 부음은 참담했다.

초등학교 동창 중에 제일 키가 큰 순근이는 고창에서 골프 라운딩을 약속했었는데 갑자기 위암 투병 중에 먼저 갔다. 조용하면서도 배려가 돋보이는 초딩 동창이지만 50대 중반에서야 만나 그와는 햇수로는 60년 지기였다. 우리 초딩 동창들이 3년 전, 중국 여행을 갔다. 6학년 때 서울로 수학여행을 갔지만 돈이 없어 못 간 친구들이 많았다. 나도 그중 한 사람이었기에 감회가 새로웠다. 환갑을 넘긴 백발 머리 여행객인 우리는 초딩 수학여행을 온 것처럼 마냥 들떠 있었다.

"앞으로 나란히, 열중 쉬어!"

큰소리로 구령도 붙이고 까르르 웃으며 모처럼 소풍 나온 영락없는 초딩이었다. 동심으로 돌아갔던 그 순간이 떠올랐다. 그런 친구들을 보고 빙그레 웃으며 말없이 뒷마무리를 했던 순근이.

한 달 전 악화일로인 그의 병세에 걱정하는 나에게 '네가 보내준 장어 먹고 힘낼게. 다음 모임에 보자.'고 했던 그 친구의 음성이 귓가에 맴돌았다.

산 자는 어떻게든 살아진다고 했다. 죽은 이가 그토록 살고 싶은 오늘이라는 시간을 눈부시게 살자. 멀리 있어 자주 만날 수 없어도 친구가 있음은 얼마나 소중하고 행복한 일인가. 나이 들수록 친구가 의지가 된다는 사실은 새삼스럽게 감사할 일이다.

두 친구의 영면으로 우울하고 상실감에 힘들어했는데 다시금 마음을 가다듬는다. 현상이와 순근이가 나에게 이런 친구로 남듯이 나도 다른 이에게 소중한 친구가 되리라. 이번 기회에 자기 몸, 자기 마음, 그 존재의 소중함을 확인하는 길목이 되리라.

내 친구를 만날 때마다 웃음마다 '봄날', '기쁨'이라는 단어가 떠오르는 날이다.

살아온 날보다 분명 짧은 날이지만 내게는 빛나게 살아갈 날이 있다.

그 섬에 가고 싶었다

찌는 듯한 여름 피서를 남도 여행으로 잡았다. 진주, 남해, 미조항….

진주의 그 유명한 음식 문화와 남해 독일 마을의 수제 맥주는 남편의 주문 사항이었지만 나는 따로 가고 싶었던 곳이 있어 머무적거리는 남편의 발걸음을 재촉했다.

작은 사슴처럼 슬픈 눈망울의 아름다운 섬이라 했던가.

뉴스에서 자막으로 본 섬, 언제든지 가보고 싶은 섬이었기에 기대 반 설렘 반, 그래서 더욱 빨리 가고 싶었다.

1960년대 천형天刑의 섬이라 불리던 소록도!

섬의 모양이 아기 사슴과 닮아 '작은 사슴 섬'이라는 의미로 지어졌다고 하였다. 다행히 치료가 가능한 병으로 이제는 한센병 환자가 현저히 줄어들었다고 했다.

그들의 생활상이 고스란히 드러난 전시물은 물론 노동 현장에서 다루던 농기구들이 잘 정리되어 있었다.

한센병 환자들의 집단 수용소였던 1917년, 일제 강점기 때라 온전한 국민들도 제대로 인권을 누리며 살 수 없었던 때였으니 그 시절 저들의 고통이 오죽했으랴.

그렇지만 해방이 되고 주권을 찾고 난 이후에도 이들의 서러움은 곳곳에 안치되어 있는 표지석이 말해 주고 있었다. 84명이라는 이곳 주민들을 착취도 모자라 한 곳에 말살했다는 안내자의 말을 들었을 땐 눈을 감고 귀를 막고 싶었다. 오고 싶었고 보고 싶었던 막연한 나의 감정은 어디로 가고 오로지 탈출하고 싶었다.

역사 앞에 남은 자들은 그저 죄인일 뿐….

서둘러 도망쳐 나오고 싶어서 발걸음이 빨라졌던 그 순간, 국립 소록병원 한센병 박물관 2층 한 코너에서 발걸음이 멈춰졌다. 명주 누비저고리와 바지를 소개하는 글을 읽고 눈물이 왈칵 쏟아졌다. 아픈 모자간의 슬픈 역사를 보았기 때문이다.

※ 어머니는 누에를 쳤다. 그 명주로 혼례를 치루는 아들의

옷 한 벌을 손수 지었다. 결혼 일 년 만에 나병에 걸린 아들은 소록도로 가족들 곁을 떠났다. 며느리도 집을 나갔다. 애절한 마음을 담아 소록도에 있는 아들에게 이 옷을 전하고 황망히 떠나야 했던 그 어머니의 애끓는 서글픔을 어찌 알리오. 어머니의 임종도 보지 못한 그 아들의 한 많은 삶이 이 옷 한 벌로 알려졌다.

보드랍고 포근한 촉감이 있는 그 누런 명주에서 한 어머니의 사랑을 보았고 진정한 모성애를 느꼈다. 어머니를 밤마다 그리며 애절한 마음으로 쓸어보고 또 쓰다듬으며 엄마의 품을 느꼈을 그 아들의 맘, 오랜 세월이 지났건만 혼례 때의 그 온전한 색감과 상태는 또 한 번 내 마음을 시리게 했다. 그 이후로 한 번도 입지 않고 밤마다 품어만 봤을 그 아들이 내 가슴을 더 먹먹하게 했다.

100년 동안의 삶을 모아둔 첨단 시설이 갖춰진 이 박물관에서 그네들의 애환의 삶을 둘러보고 있었다. 이 모든 시설이 한 많은 환자들과 가족들에게 위로가 될까? 가진 자에겐 낭만의 장소지만 환자들에겐 고립의 장소였으니 참 아이러니하다.

안쓰러웠다. 지금도 뇌리에 떠나지 않은 까닭은 명주 누비

옷 한 벌에서 모자의 아픔을 보았기에 더욱 가슴이 저렸다. 사회적인 편견과 오해로 애환을 견뎠을 그들에게 미안하고 그래서 더 반추하고 싶었다.

그들이 피와 땀으로 일구었던 작은 섬에서 지금은 녹음과 수령을 자랑하고 잘 가꿔진 생태 숲이건만 나에게는 슬픔으로 얼룩진 지난 세월이 그려졌다. 몇 개 남지 않은 문들어진 손으로 맨땅을 삽질했던 그들의 거친 숨결이 피워낸 숲이리라. 모두가 꽃같이 아름답고 꽃같이 서러워했을 그 시공時空을 뭉클한 가슴으로 둘러봤다.

그곳은 마리안느와 마가렛이라는 이국인 수녀님의 43년 인생이 피워낸 사랑의 섬이기도 했다. 〈겸손〉이라는 마리안느가 쓴 글을 봤을 때, 그분들의 모습이 오버랩 되었다. 봉사할 수 없는 노구老軀가 민폐라서 마지막 편지 한 장 남기고, 들어올 당시 들었던 가방 하나 가지고 홀연히 떠나셨다. 빈손으로!

들꽃 같은 이들의 아픔을 치유로 바꾼 사랑을 되새겨 보았다. 또한 근현대사의 아픔을 나눔과 치유, 희망으로 승화시킨 사랑의 전달자였기에 울림은 더욱 컸다.

'사람을 사람답게 대했을 뿐 대단한 일이 아니다'라는 그분들의 삶이 작은 사랑임을 알았다.

한센병 환자들을 강제 수용하고 노동 착취와 고문, 생체 실험 등 인권을 유린한 비극적인 역사를 가진 애환의 섬이 이제는 치유의 섬으로 거듭나고 있었다. 돌아오는 길에서 본 해송의 철갑 속에서 소록도의 희망을 보았다.

인권을 정의한 이 글귀!

- 모두 다 모두가 이름 있는 모든 것이다 -

명주 저고리

명주 바지

국립소록병원 한센병 박물관 제공

조숙자 수필집

예순 살의 옹알이

인쇄 2023년 11월 26일
발행 2023년 11월 28일

지은이 조숙자
발행인 서정환
펴낸곳 수필과비평사
주소 서울시 종로구 삼일대로 32길 36(운현신화타워 빌딩) 305호
전화 (02) 3675-3885, (063) 275-4000·0484
팩스 (063) 274-3131
이메일 sina321@hanmail.net, inmun2013@hanmail.net
출판등록 제300-2013-10호
인쇄·제본 신아문예사

ISBN 979-11-5933-421-4 03810

값 13,500원